D0127409

# Sacrés Français !

Un Américain nous regarde

**DU MEME AUTEUR**

*L'Américain de la rue,* Eyrolles, 1999.

Ted Stanger

# Sacrés Français !

## Un Américain nous regarde

ÉDITIONS MICHALON

Fifty million Frenchmen can't be wrong !
(50 millions de Français ne peuvent pas se tromper !)

*(Refrain des « poilus américains »*
*lors de la Première Guerre mondiale)*

*Ce livre a été édité par Agnès Monneret.*
*Qu'elle en soit remerciée.*
*Avec ma chaleureuse gratitude.*

# SOMMAIRE

Chers Français,

En commençant ce livre j'étais loin de m'imaginer le tour qu'allaient prendre les relations franco-américaines en cette année 2003. Pendant plus de deux siècles, pourtant, la France et les États-Unis ont réussi l'exploit de traverser de grandes crises sans jamais rompre vraiment. Souhaitons que le conflit irakien n'y change rien. Bien sûr, vous êtes choqués quand vous entendez soudain invectives et injures franchir l'Atlantique tels des Scud en folie.

Mais soyez rassurés, peut-être cette confrontation aura-t-elle finalement servi à révéler une cruelle vérité, souvent dissimulée mais toujours présente : entre Français et Américains c'est plutôt l'amour vache. Ou, comme l'écrivait récemment dans *Le Monde*, Robert Darnton, professeur d'histoire européenne à l'université de Princeton, « les relations franco-américaines sont basées sur des malentendus créatifs, sur une suite de mésententes cordiales ».

Les Français sont-ils vraiment anti-Américains ? Il suffit de lire la presse et de discuter avec vos compatriotes pour s'en convaincre : oui, la France, plus que tout autre pays européen, est rétive à l'*American way of life*.

Et nous, les Américains, sommes-nous francophobes, comme pourraient le laisser penser les invectives au ras des *daisy*

*gospel*

pâquerettes de quelques éditorialistes ultra-réactionnaires excédés de constater qu'un pays supposé ami ose contester leur évangile ? Que pensons-nous vraiment de vous, au-delà de la passagère francophobie que le conflit irakien a fait naître outre-Atlantique ? Quel regard peut bien porter un citoyen de Columbus (Ohio) sur ce peuple d'irréductibles qui déchaîne les passions du Nouveau Monde ?

À l'issue d'une dizaine d'années passées parmi vous, je vais tenter de vous expliquer pourquoi les Américains ne vous comprennent pas, et, dans certains cas, ne vous aiment pas. Je suis sûr d'avoir compris au moins une chose : votre pays est inexplicable, insaisissable. La France est le seul endroit au monde où le Parti Communiste et la Bourse peuvent s'effondrer en même temps, où l'on invente le TGV, le Concorde et la carte à puces tout en étant incapable de faire fonctionner un tramway ou de circuler sur une autoroute par temps de neige.

La gauche a peur du changement, même la droite a le culte de l'État, le calendrier comporte un treizième mois. Comment voulez-vous qu'un Américain s'y retrouve ?

Comment comprendre, dans un pays si fier de son glorieux passé, qu'un commentateur de la télévision soit capable d'expliquer solennellement, lors du transfert des cendres d'Alexandre Dumas au Panthéon : « C'est le même cheval que montait Christian Clavier dans la bataille d'Austerlitz. »

Alors, oui, la France est un pays *exceptionnel*, dans les deux sens du terme. (Un mot qui, d'ailleurs, n'engage à rien.) Pour ceux de mes compatriotes qui apprécient les bonnes choses de la vie, la culture, le style, le raffinement, l'intelligence, la France reste un pays incontournable, digne de notre admiration. Comme disait Mark Twain, « même les enfants y parlent français ».

Certes, nous avons chacun nos habitudes et nos bizarreries. Au lycée, vous étudiez la philo et la géographie. Nous pouvons faire des « études » de bowling ou de bricolage. Vous nous accusez d'avoir le goût de la procédure, et ce n'est pas faux, mais il faut bien nourrir notre million d'avocats. Par contre, vous avez la folie des lettres recommandées : 220 millions chaque année, cela fait beaucoup.

Bien sûr, je ne suis pas le premier Américain à me pencher sur votre pays. Mais je suis le premier Américain *d'en bas*, comme vous dites, car les autres étaient tous de New York. Autant dire qu'ils n'étaient, comme Woody Allen, que des Parisiens manqués qui se flattent d'être « civilisés » parce qu'ils adorent Truffaut et raffolent de vos fromages au lait cru. Incapables, dès lors, de juger la France avec objectivité. En outre, mes prédécesseurs, ont prudemment choisi de rédiger leurs livres en anglais, à l'intention de lecteurs d'outre-Atlantique qui gobent n'importe quoi sur l'Hexagone.

Moi, je suis un yankee, un vrai. Mon pays à moi, c'est l'Amérique profonde. À Columbus dans l'Ohio, où j'ai grandi, on est définitivement provincial. Nous n'avons que deux fromages : le jaune et l'orange. On mange pour vivre, et pas l'inverse. Pour nous, un « intello », c'est quelqu'un qui a eu 10 sur 20 au bac. Les gars du pays portent des chaussettes blanches, et les filles ne craignent pas les bigoudis en public. Par temps de récession à Columbus, le taux de chômage peut grimper jusqu'à 5 %, mais pas plus. Celui qui ne veut pas travailler crève. Et tout le monde connaît le shérif du comté, « Big Jim » Karnes. Chez nous, la vente de boissons alcoolisées est strictement interdite le dimanche, car c'est le jour du Seigneur. Les autres jours, si vous buvez trop, comptez sur « Big Jim » pour vous mettre en taule.

La plupart de mes compatriotes seraient bien incapables de situer votre pays sur une carte du monde, mais ils en ont presque tous entendu parler. J'ai même rencontré un homme persuadé qu'en France tout le monde parlait anglais mais avec un accent français, comme Maurice Chevalier dans les films d'Hollywood. Quand je lui ai révélé l'existence de la langue française, il m'a regardé d'une drôle de façon, se demandant si je ne plaisantais pas.

Ces derniers mois, j'ai constaté qu'un Américain a souvent l'impression d'être aussi bienvenu en France qu'un soldat du IIIᵉ Reich sous l'Occupation. Pour certains, nous sommes même pires que les Boches dont on pouvait au moins se débarrasser par la force. L'invasion américaine, elle, est bien plus insidieuse.

J'ai fini par comprendre pourquoi nos deux pays se heurtent si souvent : ils sont excessivement fiers, parfois jusqu'à l'arrogance. C'est le choc de deux orgueils. Washington se comporte dans le monde un peu comme Paris le fait au sein de l'Europe, au dire de certains membres du Vieux Continent.

Mes reportages pour *Newsweek* dans une quarantaine de pays m'ont appris que les analyses, voire les critiques, émanant d'un étranger ne sont pas toujours très bien reçues. Encore moins quand il s'agit d'un ressortissant de l'empire américain. Parfois, c'est carrément risqué, surtout en temps de « guerre » entre ces drôles d'alliés que nous sommes. Mais, comme les arbitres de football, j'ai mon billet de retour dans la poche...

En tant qu'Américain, souvent je ne partage ni vos choix, ni vos habitudes, encore moins vos préjugés (en revanche, j'ai les miens, très yankees). Ma vision de la France vous choquera peut-être. C'est normal : on peut se regarder mille fois dans la glace sans se voir.

Certains, offusqués par mes commentaires, diront que les choses sont pires dans mon propre pays. Je ne le conteste pas. Mais pour faire le procès des États-Unis, il faudrait une encyclopédie et je ne m'appelle pas Diderot.

Je ne suis pas resté de marbre face aux Français. Qui le pourrait ? Impossible de vivre dans votre pays sans partager des moments d'émotion dans toute leur simplicité : la glorieuse Coupe du monde en 1998, suivie par la défaite quatre ans plus tard. Un ami parisien qui se souvient avec nostalgie des conférences de Gilles Deleuze à la Sorbonne. Le désarroi d'un ouvrier d'Auxerre, victime de la mondialisation, qui voit son imprimerie fermer après trente ans de service et qu'aucune idéologie ne peut consoler. L'émotion des Français de tous bords, chamboulés par un monde qui change, un monde où leur création magistrale, un certain art de vivre, paraît condamné. Et puis l'élan patriotique que la crise irakienne a fait naître, quand la France s'est fait applaudir, par le Conseil de sécurité de l'ONU, pour son « non » à la politique de Bush.

En tant qu'Américain, on peut être touché sans pour autant être convaincu, n'est-ce pas ?

Une dernière remarque, j'ai écrit ce livre dans votre langue et si son niveau est moyen c'est la faute « à » Miss Fry, professeur dans mon lycée de l'Ohio. Elle souhaitait que je fasse du latin car, pour cette charmante vieille demoiselle, la langue française n'était rien d'autre que l'instrument du Diable. Excusez donc mon accent.

Paris, le 28 mars 2003

# RELATIONS INTERNATIONALES

# I

## France-États-Unis : haute tension

Depuis le général de Gaulle, la France n'a de cesse de prouver son indépendance sur la scène mondiale en faisant obstacle à « l'hégémonie américaine ». La tâche n'est pas des plus faciles car Washington tend à regrouper indistinctement dans un même panier tous les pays européens que nous, Américains, appelons naïvement « nos alliés ».

Et, quand l'un d'entre eux se distingue par des gestes inamicaux : en se retirant du commandement intégré de l'OTAN, en critiquant la guerre du Vietnam, ou en refusant à l'aviation US le droit de survoler son territoire, c'est toujours la France. D'où mon étonnement devant l'étonnement de mon pays face au « non » de Paris à une intervention militaire en Irak.

Les signes avant-coureurs de ce refus (déjà entré dans l'Histoire) se manifestaient pourtant depuis un certain temps ici et là dans l'Hexagone. À l'appel « tous contre l'impérialisme US » les Français répondaient – comme d'habitude – massivement présents.

Changeons de terrain et prenons, par exemple, la bataille d'Aniane. Vous ne vous en souvenez pas ? Le bon peuple de

21

ce village de l'Hérault avait dressé des barricades afin d'empêcher le débarquement d'un « capitaliste américain », le vigneron californien Mondavi qui voulait exploiter 50 hectares de ses vignes. Et puis n'oublions pas le triomphe du dernier *Astérix*, salué par *Le Monde* comme la « résistance » des Gaulois face au succès hollywoodien du *Titanic*.

Mais le summum fut la défection de Johnny Hallyday qui passait depuis toujours pour un chanteur coca-cola-isé. Le vent ayant tourné, et toujours soucieux de son image, Johnny juge bon depuis peu de prendre ses distances : les États-Unis, « ce n'est pas ma culture », affirme-t-il prudemment... « Je suis déçu par la mentalité américaine, leur obsession du pognon, du business... » Vegas, pour lui, c'est fini.

Dans cette France habituellement si divisée, l'hostilité aux États-Unis représente une rare valeur consensuelle, comme la Sécu ou les congés payés. Détester l'Amérique est si courant que j'en viens à me méfier des rares Français qui me confient, presque en chuchotant, qu'ils aiment bien les Américains. Ils cherchent à me taper ou quoi ?

L'antiaméricanisme, rien de bien nouveau, m'assure-t-on. « L'antiaméricanisme français n'est pas une valeur à court terme. Il est ancré dans l'Histoire », constate ainsi Philippe Roger, chercheur au CNRS dont le livre *L'Ennemi américain* constitue l'étude la plus sérieuse de ce phénomène typiquement français. Les sondages le confirment en effet, parmi les pays européens, la France emporte haut la main la palme de l'américanophobie.

À dire vrai, comment pourrait-il en être autrement quand on voit chaque année débarquer des hordes de touristes américains si parfaitement fidèles aux pires stéréotypes. Lourdauds, bruyants et habillés comme des « kids » de 10 ans, ils ont le culot d'entrer dans les magasins en *présumant* que le personnel parle anglais. Eh bien, chers Français, sachez que ces contingents sont nos élites ! Les Américains qui ne voyagent pas sont bien pires. Passons...

J'ai finalement le sentiment que votre antiaméricanisme est essentiellement à usage interne. En critiquant les États-Unis, bien des Français manifestent avant tout leur rejet de ce pays comme modèle de société. Et pour les représentants de la classe politique, qu'ils se réclament du gaullisme ou de la gauche, quelle meilleure façon d'affirmer leur attachement aux valeurs traditionnelles françaises que d'attaquer les USA.

Vos critiques sont, hélas, souvent fondées sur des idées toutes faites et sur une mauvaise connaissance de la société américaine. Ainsi, lorsque l'une de mes amies, assistante sociale, affirme, outrée, qu'aux « États-Unis, les prisonniers doivent travailler très durement dans leur pénitencier » je ne me donne pas la peine de lui dire que c'est exact, mais seulement dans *quelques* prisons et principalement dans le Sud. Évidemment inimaginable pour la citoyenne d'un pays aussi centralisé que la France. Chez nous, il est difficile de tirer des leçons à partir d'un seul cas.

Qu'un juge du Texas décide de retirer ses trois enfants à une mère arrêtée pour vol à l'étalage, c'est peut-être choquant, mais cela ne fait guère jurisprudence. On compte 250 comtés rien que dans le Texas, chacun a ses juges, et il en va de même dans chaque municipalité. Cela fait des milliers de magistrats dans le seul État de George W. Bush. Une décision douteuse et isolée prise par l'un d'entre eux n'affecte en rien les jugements des autres juridictions. Mais de cela les Français ne sauront rien. Par facilité ou paresse (c'est compliqué l'Amérique), les médias laissent penser que les mères de familles détenues aux États-Unis perdent systématiquement la garde de leurs enfants.

N'oublions pas que l'incomparable Alexis de Tocqueville a séjourné dix mois dans le Nouveau Monde avant de s'attaquer à son célèbre traité. Les exégètes contemporains, eux, restent à Paris, bien au chaud dans leurs vieux préjugés.

En outre, l'Amérique ne dispose pas de lobby en France, contrairement à ce que pourrait laisser penser le livre de

Jean-François Revel, *L'Obsession anti-américaine* ou la célèbre une du *Monde* parue au lendemain du 11 septembre : « Nous sommes tous américains. » Résultat, un flot de caricatures et d'outrances qui (même si elles ne sont pas toujours erronées) font sourire. Pour « Éric 6420 », participant d'un forum du *Monde*, les gens très riches contrôlent tout aux États-Unis. « Certains prétendent que 1 % de la population possède environ 80 % de la richesse américaine », ajoute-t-il. Voilà bien un scoop conforme à l'image, populaire en France, d'une société américaine où il n'existe pas de classe intermédiaire entre super riches et miséreux. Précisons que, selon une étude du *Congressional Budget Office*, ces fameux milliardaires contrôlent au plus 14 % de la richesse nationale, une part déjà conséquente et qui a malheureusement doublé en 30 ans (elle a sans doute baissé avec la chute de la Bourse).

Bizarrement, dès qu'il s'agit des États-Unis, les Français, si sceptiques à l'égard de leurs médias, gobent les reportages les plus superficiels et les plus stéréotypés. Je sais bien que les journaux et surtout la télévision sont mal armés pour expliquer un pays étranger, et je plains d'ailleurs les lecteurs américains qui croyaient « comprendre » la France grâce à mes si brefs articles de *Newsweek*.

Vos médias n'ont jamais vraiment compris, et par conséquent jamais expliqué que, chez nous, la liberté d'expression, garantie par le premier amendement de la Constitution, est une valeur à laquelle nous sommes très attachés. Cela n'exclut pas les attaques des réactionnaires (les amis de Georges W., notamment) qui aimeraient tellement interdire la diffusion de certaines idées comme vous le faites en France (mais, bien sûr, pas les mêmes). La presse française, au lieu de se déchaîner contre Yahoo ! qui autorise sur son site la vente aux enchères d'objets nazis, ferait mieux de se demander pourquoi, aux États-Unis, ce sont des intellectuels de gauche qui défendent le droit des groupuscules néo-nazis à défiler librement. Mais expliquer en profondeur la société américaine n'intéresse que peu d'observateurs en France.

Chaque fois que les Français se mettent à dénigrer l'Amérique du XXIᵉ siècle, c'est de manière pontifiante, sans recul ni humour. Dommage, notre société, parfois étrange, mériterait que vous lui consacriez vos talents de polémistes. À l'instar de Talleyrand qui affirmait que l'on trouvait aux États-Unis « trente-deux religions et un seul plat ». Même le sobre Tocqueville remarquait allégrement que les relations hors mariage étaient, dans ce pays puritain, punies par « l'amende, le fouet ou le mariage ». Mais, bien sûr, à cette époque lointaine, la France ne voyait pas dans le Nouveau Monde un rival et ne jalousait pas sa prédominance sur la scène internationale.

À en croire Dominique Moïsi, directeur adjoint de l'IFRI (Institut français des relations internationales), l'antiaméricanisme résulterait d'une inquiétude devant l'américanisation grandissante de la société française : « Nous nous sommes américanisés sans nous en rendre compte, et maintenant on résiste d'autant plus. » Et, de fait, comment ne réagiriez-vous pas devant une telle invasion culturelle ? En voyant par exemple *Notre Dame de Paris*, récupéré par les studios Disney pour être projeté devant des gosses français qui ignorent que son auteur s'appelle Victor Hugo.

Si la France vous apparaît parfois comme une colonie culturelle des États-Unis, il faut se demander, par exemple, pourquoi, lorsque l'on cherche dans une librairie un livre pour enfants, tombe-t-on presque toujours sur des œuvres traduites de l'anglais, style Harry Potter ? Pourquoi, au lieu d'encourager leurs auteurs et dessinateurs, les éditeurs français choisissent-ils d'acquérir les droits d'un livre qui a déjà fait ses preuves sur le marché anglo-saxon ? Parce que cela promet d'être plus rentable ou parce que notre CIA, incapable depuis quatre décennies de déstabiliser Fidel Castro, serait parvenu à « américaniser » un grand pays de 60 millions d'habitants ? À votre avis ?

Mais soyons francs, les Américains ont une grande part de responsabilité dans l'image négative qu'ils véhiculent.

Washington, qui se veut pourtant la capitale des *public rela-tions*, n'a pas toujours su faire preuve de diplomatie. À la fin de la Seconde Guerre mondiale, la France, économiquement dévastée, avait fort besoin de l'aide de son grand allié qui la lui accorda volontiers, mais de façon ostentatoire. L'ambassadeur français se voyait convoquer – devant les caméras – pour recevoir un chèque de quelques millions de dollars des mains d'un haut fonctionnaire américain. Pour réceptionner une livraison de tracteurs made in USA destinée aux agriculteurs français, on faisait venir des ministres de Paris, là encore devant la presse. Aux yeux de Washington, il était vital de combattre la progression des communistes français en étalant la générosité de la première puissance capitaliste. Mais c'était oublier la fierté d'un pays déjà humilié par la défaite.

Avec la querelle franco-américaine sur l'Irak, on a encore eu droit outre-Atlantique à des trémolos sur « l'ingratitude » française. Quel ennui ! Quel manque d'originalité et, ce qui est pire, de vision historique de la part des Américains ! Si on a pu définitivement pardonner aux Allemands et aux Japonais, on peut arrêter d'exiger que les Français nous adressent leurs remerciements *ad vitam aeternam*.

De même, certains de vos compatriotes manquent d'élégance en minimisant le rôle des soldats américains face aux troupes allemandes. Le colonel Alain Faure-Dufourmantelle affirme dans *Le Figaro* que « c'est Hitler qui a déclaré la guerre » aux États-Unis après Pearl Harbor, histoire de rappeler que Washington est restée neutre pendant un certain temps. Alain Minc, lui, ne craint pas d'affirmer que les ressortissants américains ne peuvent pas comprendre le nazisme car ils étaient « à l'abri » du Troisième Reich. À l'abri ? Et les deux cent mille GI tombés sur le sol européen ?

## II

## Poursuivi par les anti-Américains

Comment imaginer ce qu'endure le pauvre citoyen américain qui a la mauvaise idée de séjourner en France en pleine
crise franco-américaine ? Tentative de récit.

Un de mes vieux amis français me réveille en téléphonant
pour me demander mon avis : la fille de sa cousine, étudiante
à Baltimore devrait-elle rentrer en France vu le climat de
francophobie qui sévit actuellement là-bas ?

« Les Américains sont déchaînés » me dit-il, en me
racontant que la veille la jeune fille s'était fait insulter sur
le campus. « Elle ne peut pas dissimuler son accent français
et peut-être est-elle en danger », ajoute-t-il.

Et moi, par les temps qui courent, devrais-je cacher mon
accent américain (comme si c'était possible) ? Ou me faire
passer pour un Canadien.

Ce matin-là en regardant les informations je tombe sur un
petit scoop de TF1. Vous vous souvenez sans doute de ces
pots de colle d'antan qui fleuraient bon l'amande amère. Eh
bien, le journaliste a retrouvé à Ballan-Miré, dans l'Indre-et-
Loire, une petite usine qui en produit encore. Pour le plus

27

grand plaisir des nostalgiques, la caméra montre un ouvrier en train de mélanger les ingrédients.

Hélas, explique le reporter, ce témoin d'un passé chéri est condamné à disparaître, car la production de cette fabrique « ne pèse pas lourd comparée à celle des géants américains ».

Et revoilà le diable, l'Amérique capitaliste qui étrangle les traditions françaises. Irritant, ces accusations systématiques, même pour un expatrié comme moi qui ne suis pas particulièrement chauvin. Alors je me livre sur le champ à une petite enquête. Après quelques recherches en matière de colles scolaires, je découvre qu'il existe sur le marché quatre « géants » dans ce secteur, Rubafix, Scotch, Tesa et UHU. Deux Américains et deux Allemands. Signalons au passage que les firmes américaines produisent leur colle en France, contrairement aux Allemands. En réalité, moins pratiques que les bâtons de colle étrangers, les jolis petits pots français n'ont plus la côte auprès des mamans. Mais ce sont les Américains et eux seuls qui sont montrés du doigt.

Même en période de calme transatlantique, les Français voient la main de l'Amérique partout. Dans chaque fait divers, sous chaque lit. Le maire de Paris est-il poignardé par un déséquilibré ? C'est une « dérive à l'américaine » tranche Alain Madelin. Comme si Ravaillac n'avait jamais existé. Les violences dans les banlieues lyonnaises ? Le commentateur de France 2, met en cause « l'américanisation » des villes. Le sous-marin Koursk disparaît-il sous les eaux ? Il faut en blâmer « l'ultralibéralisme » des États-Unis, écrit l'hebdomadaire *Marianne*. Quant aux OGM, ils signent la condamnation du vieux terroir. Si le Concorde s'est écrasé, c'est à cause d'une lamelle appartenant à un avion de Continental Airways qui traînait sur la piste. Sans parler de Robert Parker, cet expert viticole reconnu dans le monde entier ne chercherait qu'à dénaturer le vin français.

Et n'oublions pas Halloween qui, selon le philosophe chrétien Damien Le Guay, symbolise « un retour des puissances occultes ». Cette coutume celte serait encore un complot des

USA, pays pourtant bien plus croyant qu'une France plutôt laïque. Autre crime, Halloween serait une fête «commerciale». Et Noël alors ?

À tort ou à raison, l'empire américain est quotidiennement accusé de saper la bonne vieille France d'autrefois. Tout Américain vivant à Paris se voit sans cesse diabolisé, critiqué, attaqué (verbalement), et considéré comme le fer de lance d'une insupportable invasion culturelle et économique.

Le pire, c'est de constater ce dommage collatéral qui commence à me transformer en ambassadeur de l'Amérique. Appelé sans cesse à justifier la politique de George W. Bush, j'essaie d'exposer les thèses de Washington à la manière d'un Socrate neutre, ce qui déchaîne les polémiques. En fin de compte, je finis par ne convaincre que moi-même et je m'entends dire que Ronald Reagan, au fond, n'était pas si mal que ça... Quelle horreur !

Et puis, ces temps-ci, dès que je rentre dans une pièce, ou un lieu public, j'ai l'impression que les Français se taisent, comme gênés par ma présence. Pas de doute, je deviens parano...

Pour oublier ce contexte déprimant, je pars me promener sur les quais. Peine perdue voilà que je remarque chez un bouquiniste la revue *Historia* qui s'offre à peu de frais une couverture fracassante : « Hitler financé par les firmes U.S. » en pompant un livre paru outre-Atlantique sur les activités d'une filiale d'IBM durant la guerre. Étonnez-vous après cela de trouver des jeunes Français qui pensent que Hitler était américain et ignorent que c'est un gouvernement français qui a pactisé avec les nazis à Munich.

Ce harcèlement est sans répit, les américanophobes me rattrapent jusque dans mes moments de détente. Accoudé au bar après une partie de tennis, j'ai droit aux foudres d'un moniteur qui s'en prend à la justice américaine. Toujours notre peine de mort qui déchaîne les passions.

Et le soir même, au cours d'un dîner, avant d'avoir pris le premier verre, un invité se lance dans une attaque en règle de « l'impérialisme US ». Qu'ils soient de gauche ou de droite tous me prennent pour un fantassin de la politique de Washington, et comme d'habitude je suis invité à en découdre.

Ironie du sort, les Américains sont parfois mis sur le même plan que les musulmans, soupçonnés comme eux de former une cinquième colonne en France. Je me souviens avoir rencontré au cours d'un week-end en Normandie un cadre de Thomson qui racontait son dernier voyage à New York. Le monde des affaires m'a toujours intéressé et je lui ai posé une ou deux questions. Tout d'un coup, j'ai vu passer sur son visage l'ombre d'un soupçon : ne serais-je pas un espion payé par ses concurrents américains ? Et, soudain muet, il n'a pas terminé sa phrase. En fin de journée, j'évite de regarder les infos télévisées pour éviter le stress. Mais le téléphone sonne, et cette fois c'est Roger, un vieux copain américain, journaliste qui habite maintenant dans le Missouri. Il me demande s'il ne devrait pas annuler le séjour qu'il a prévu en France avec son épouse. Ce serait un déchirement, car ces deux-là sont de grands amateurs de cuisine et de culture françaises. « Il paraît que les Français sont déchaînés contre nous », dit-il. J'ai déjà entendu cela quelque part...

# III

## Défense : un peu de modestie

Aux yeux de l'Américain moyen, nos alliés Français n'ont qu'un rôle à jouer pendant les crises militaires, en Irak ou ailleurs : nous soutenir ou se taire.

Arrogance ? Jalousie ? Si l'électeur de Columbus dans l'Ohio accepte de supporter le fardeau de dépenses militaires pharamineuses c'est parce que les occupants successifs de la Maison Blanche lui ont expliqué que l'Amérique est le leader du monde libre. Noblesse oblige, en quelque sorte.

Mais en même temps, il apprend que la France réduit progressivement ses dépenses militaires pour offrir à ses citoyens une excellente couverture sociale, des vacances généreuses et les 35 heures. Et lui, l'ouvrier de Columbus, avec ses deux semaines de vacances par an et ses 40 heures de travail, de quoi peut-il se vanter ? Des missiles Cruise, des hélicoptères d'attaque Apache, d'une flotte forte de 13 porte-avions dont le plus petit a deux fois la taille du *Charles de Gaulle*. En bref, de protéger le monde libre grâce à son armée, des plus modernes, certes, mais fort coûteuse.

Si, en temps de crise, le géant américain semble arrogant, ne serait-ce pas aussi parce que la France (comme les autres pays Européens) a depuis longtemps abdiqué dans le domaine militaire ? Les quinze pays de l'Europe, avec leurs 375 millions d'habitants, dépensent ensemble 57 % de moins pour leurs forces armées que les Américains qui ne sont que 280 millions. La France en termes de dépenses militaires rapportées au PNB est avec l'Allemagne bien loin derrière.

On aime à dire à Washington, qu'il faut choisir entre *butter and guns* (beurre et canons), entre le financement des programmes, sociaux ou militaires. Les Français ont opté pour le beurre. « Diminuer les commandes d'avions, c'est moins douloureux que de fermer des écoles et cela ne fâche que des soldats obligés d'obéir en silence », explique ainsi Pascal Boniface, directeur de l'Institut des relations internationales et stratégiques.

Le président Chirac a précisé dans une interview à *Time* que « la France n'est pas un pays pacifiste ». Sans doute, mais les forces françaises sont aujourd'hui incapables de mener une guerre loin de leurs frontières, en raison de graves carences en moyens de transports aériens. Au Kosovo, les Français ont dû louer des Antonov à l'Ukraine, car leurs vieux Transall ont un rayon d'action trop limité. L'armée de l'air française manquait en outre de missiles antiradar perfectionnés. Depuis dix ans, les dépenses militaires françaises ont chuté d'un tiers, résultat : un hélico sur deux est cloué au sol, par manque d'entretien et plus de 30 % des chars Leclerc sont inutilisables, faute de pièces de rechange.

Alors si, à l'occasion de certains conflits, les Américains font appel à vous, c'est plus par diplomatie (afin de vous faire plaisir) que pour des raisons strictement militaires. Lors de l'intervention en Afghanistan, par exemple, la France a envoyé symboliquement le pétrolier ravitailleur *Var* qui n'a même pas été appelé à effectuer des ravitaillements. Parce que, nous, pour faire la guerre, on est comme Brigitte Bardot, on n'a besoin de personne.

Et d'ailleurs, le Pentagone, depuis longtemps agacé par les « tergiversations » tiers-mondistes du partenaire français préfère se passer de son aide. Comptez sur vos « alliés » U.S. pour vous rappeler le rôle qu'ils ont joué en 1944 comme ils l'ont fait lorsque vous leur reprochiez le bombardement de la Serbie au moment de l'intervention au Kosovo. Ils se voyaient encore une fois venir courageusement à la rescousse d'une Europe mal armée qui n'arrive pas à régler ses propres conflits sur le terrain et voilà que vous les traitiez d'assassins.

Désolé de le dire mais, malgré une hausse du budget militaire, la modernisation de vos armées n'est pas pour demain. Rien de surprenant, elles sont autorisées à n'acheter que du matériel cocorico, et leurs forces conventionnelles sont à la traîne comparées à la technologie de guerre hyper sophistiquée des États-Unis. En plus, avec cette politique qui consiste à acheter français sans faire jouer la concurrence, le contribuable paie un maximum pour ses chars et ses avions de chasse.

Sans oublier cette évidence : faire la guerre coûte cher, très cher. Afin de progresser de 400 kilomètres à l'intérieur de l'Irak en quatre jours, par exemple, une force blindée de 18 000 soldats a besoin de 1,5 million de litres d'essence et 810 000 litres d'eau potable *par jour*. Le trou de la Sécu ? Une broutille comparée au prix d'une guerre.

Et puis, de toute manière, la nécessité de s'offrir un outil militaire performant est loin de faire l'unanimité. « Mais qui menace la France ? », s'interroge non sans pertinence Claude Allègre, apprenant la décision de construire un petit frère du *Charles de Gaulle*. Il n'a pas tort. Pour Jack Lang, une force militaire puissante implique que « les professeurs et chercheurs seront mis au pain sec ». L'armée, aux yeux de beaucoup de Français hantés par l'Histoire, c'est encore le camp des antidreyfusards.

Pourtant, en cas de crise grave, Paris aura grand besoin d'alliés sérieux. Quand on pense que le général de Gaulle a retiré la France du commandement unifié de l'OTAN, en partie pour que son pays puisse, le cas échéant, dire merde à Washington. Imaginons que trente-cinq ans après, Oussama ben Laden ou l'un de ses émules organise une attaque terroriste d'envergure sur le territoire français. Quelle riposte envisager, sans être dans l'obligation de demander un coup de main à ceux-là même auxquels le général avait tant envie de dire le mot de Cambronne ?

Après les critiques, le coup de chapeau à vos soldats qui sont parmi les meilleurs de la planète. Disciplinés, motivés, durs à cuire et surtout autorisés à se servir de leur cerveau, ils font bonne impression sur tous les points chauds du globe. Le GI américain, en revanche, semble toujours un peu dépaysé au-delà de ses frontières. Vite dépassé par les événements, il lui arrive de paniquer et dans le doute, il tire dans le tas. Pas de doute, son homologue français maîtrise mieux la situation.

Les militaires français, que le président égyptien Nasser avait en 1956 traités de «petits soldats parfumés», sont surtout, à mes yeux d'Américain, des *gentlemen* de la vieille école. Combien de fois en tant que journaliste de *Newsweek* à Beyrouth, Sarajevo ou ailleurs, ai-je été mieux reçu par les officiers français que par mes compatriotes qui considéraient presque mon journal comme l'organe officiel du Kremlin. Je me demande même parfois si vos forces militaires ne font pas plus pour la réputation de leur pays que quiconque à l'étranger.

# POLITIQUE

# IV

## C'est dans les vieux pots...

Croyez-le ou non, mais nous les Américains comprenons le système politique français mieux que quiconque. Rien de plus normal puisque la constitution de votre Vᵉ République est un peu copiée sur la nôtre. La cohabitation, on connaît, puisque nous la vivons par intermittence depuis plus de deux cents ans. Notre président de la République est élu au suffrage universel, comme le vôtre, mais avec une différence : il sert aussi de chef de gouvernement. Les Premiers ministres, nous, on s'en passe. Chez vous, ils ne durent qu'une saison ou deux, et il faut ensuite leur payer une retraite de nabab.

Alors, fort de ce cousinage institutionnel, permettez-moi quelques petites remarques amicales sur votre vie politique.

Qu'est-ce qui justifie cette omniprésence des hommes politiques dans le paysage hexagonal ? Ils sont partout. Ils ne font jamais relâche. Sur le terrain, à la radio, à la télévision (quasiment tous les soirs). Un débat de haut niveau est-il annoncé ? Nous avons inévitablement droit à des têtes de ministre ou d'ancien ministre ou de futur ministre, en train de polémiquer, de se contredire, prenant un malin plaisir à se couper la parole, et surtout à parler tous en même temps.

Même quand ils ne pratiquent pas la langue de bois, c'est incompréhensible.

Inutile de chercher refuge ailleurs. Dans les journaux aussi, on nous propose des papiers politiques accompagnés d'éditoriaux ou d'analyses souvent indigestes, *tous les jours* y compris les jours fériés. Les grands quotidiens offrent même des rubriques « Politique » régulières. Aux États-Unis, les journaux ignorent le jeu politique, sauf en période électorale. Mais en France, le moindre geste ou voyage d'un chef de parti, la moindre banalité, tout est bon pour une presse en manque d'« événements ». Ainsi un quotidien parisien, titre fièrement « Quand le président du groupe UDF reçoit le ministre de l'Intérieur dans son fief. » Personnellement cela me suffit, mais suit un long papier (pas moins de 600 mots) expliquant que le ministre en déplacement « acceptait de profiter de l'occasion pour tenir une réunion publique devant des sympathisants de la majorité ».

Ça alors ! Un homme politique qui tient une réunion devant ses sympathisants ! Mais c'est extraordinaire ! On est bien content d'avoir acheté ce canard.

Pardonnez mes sarcasmes, mais pour un enfant de Columbus dans l'Ohio, ces comportements sont extravagants. En Amérique, c'est à peine si on arrive à supporter les politiciens une fois tous les quatre ans. Les voir se gargariser à l'antenne tous les soirs, ce serait la fin du monde ! Même pendant les vacances, les Français ont droit à des reportages intimistes sur le repos de l'*homo politicus* : en bref, la cravate laisse la place à la chemise Lacoste. Mais comment les téléspectateurs supportent-ils cela ?

Réponse unanime des éminents spécialistes que j'ai consultés de part et d'autre de l'Atlantique : la France est un pays... politisé. Ah, bon ? Les Américains considèrent la politique comme une fâcheuse nécessité, un fléau, qu'il faut tenir à distance. Chez nous, les hommes politiques ne sont à l'antenne que le dimanche matin, quand les gens bien élevés dorment encore. Pour les Français en revanche, la politique est un jeu, mieux un art et, par conséquent, ils passent tout à ses représentants qui s'y consacrent à temps complet. Le cinéma français ne fait plus recettes ? Évidemment, ses meilleurs fantaisistes se trouvent dans l'hémicycle où ils rejouent tous les jours le combat de Don Camillo contre Peppone.

En France, les indigènes adorent le communisme (mais pas question de le mettre en pratique chez eux). Ce marxisme de rêve fait partie de l'art de vivre traditionnel, comme un bon vieux fromage affiné à l'ancienne, ou un déjeuner branché chez les frères Costes. Quelle formidable campagne publicitaire, quel succès de marketing pour un produit politique dont plus personne ne veut. Souvenez-vous du *Livre noir du communisme* de Stéphane Courtois. Les lecteurs de l'Hexagone étaient choqués d'apprendre, quarante ans après le reste du monde, que Staline n'était pas un enfant de chœur.

Il faudra un jour que les historiens nous expliquent comment on a fait pour vendre aux Français une théorie politique développée par deux Allemands, mise en pratique avec des conséquences désastreuses en Russie et toujours appliquée dans de sympathiques démocraties comme Cuba ou la Corée du Nord. Ce qui m'amène à nuancer mon propos : en réalité, le Français n'est pas *aveuglement* pro-communiste. Loin de là ! Il fait la distinction entre les cocos sympas et les autres. C'est ainsi que Cuba, avec sa salsa, ses plages et ses métisses aux corps huilées, jouit d'un statut privilégié. Mais la Corée du Nord, qui s'est fait une spécialité de la disette et n'attire aucun touriste, on l'ignore.

L'explication du succès de tonton Karl en France tient peut-être à la manière dont les autochtones ont su « adapter » son évangile. À Paris, pour être communiste, nul besoin de faire vœu de pauvreté. On peut continuer à vivre en capitaliste, les uns avec un bel appartement place des Vosges, les autres tenant table ouverte chez Lipp et tous avec de super-nanas accrochées à leurs bras. Et les enfants ? On les envoie dans les universités américaines bien sûr.

Même les gauchistes français, comparés à leurs homologues européens, apparaissent plutôt raisonnables. La violence obstinée des Baader-Meinhof en Allemagne ou des Brigades Rouges en Italie a fait peu d'émules en France. En définitive, la gauche a très vite appris qu'idéologie et opportunisme pouvaient faire bon ménage. Arrivée au pouvoir, elle n'a pas hésité à pratiquer la politique du père Noël : aides, créations d'emplois dans le secteur public, congés supplémentaires... Rien ni personne n'a été oublié. Et le tout était assaisonné de taxes destinées aux nantis, avec comme seul résultat, à peine deux ans plus tard, un piteux retour à une politique plus classique.

Quoi qu'il en soit, la gauche ne peut que briller par contraste avec cette droite française qualifiée au siècle dernier de «plus stupide du monde». Encore que l'honnêteté oblige à dire que depuis la réélection de Jacques Chirac, on se peut se demander si au poteau de «la plus stupide du monde» la gauche ne va pas la coiffer.

Qu'importe, quand la droite gagne, la nation frissonne. Le quotidien *Libération*, certes de gauche, affiche «Cinq ans avec la droite, vos craintes, vos attentes» pour nourrir l'appréhension que partagent beaucoup de ses lecteurs. On parle de la droite politique comme d'un vieil oncle gâteux qui vient s'installer dans la chambre d'amis. En plus, votre droite n'a pas d'identité idéologique claire. Elle n'est ni libérale, ni réformatrice, ni moins étatiste ou porté sur la réglementation que la gauche. Selon certains politologues, c'est simplement une «anti-gauche» qui profite de temps en temps des excès de celle-ci pour faire – un peu – le ménage.

Mais parler de droite et de gauche, c'est simplifier à l'excès. En France, l'homme politique a le culte de l'originalité. Depuis deux cents ans, les Anglo-Saxons comptent grosso modo deux partis – quelle monotonie – tandis que les Français, eux, se divisent en 36 morceaux, sans doute pour divertir le pays – et remplir les innombrables rubriques «Politique» des médias. Ces partis, pour la plupart microscopiques, ont la durée de vie d'un nouveau-né au XV$^e$ siècle. Ce qui n'exclut ni les rivalités ni les scissions, à l'instar de leurs grands frères. Quelle cacophonie : ils sont souverainistes, libéraux, sociaux, écolos de droite, écolos de gauche, d'extrême-droite, radicaux, centristes, toutes les nuances. Et la liste n'est pas exhaustive. À l'intérieur des partis foisonnent « courants » et « clubs » dont les noms évoquent parfois les boîtes échangistes du samedi soir : La Boussole, France.9, Club 89, Le Nouveau Monde... Pas étonnant puisque leur principale fonction est de permettre à leurs membres de déjeuner ensemble, car le politicien déteste plus que tout rompre le pain en solitaire.

L'une des raisons de cet éclatement tient sans doute au désœuvrement de vos députés. Sous la V$^e$ République, l'Assemblée nationale joue un rôle à peu près similaire à celui de n'importe quel parlement dans une dictature militaire. Ses membres sont là pour approuver les choix du leader maximus et profiter de la buvette et des toilettes propres fermées au public. Pensez donc, la dernière fois qu'une assemblée a eu le culot de faire tomber un gouvernement, c'était sous la IV$^e$ République.

Une chose semble sûre en tout cas : cette multiplication des partis ne risque pas de s'arrêter, tant que l'État fera preuve de la même générosité. Pour chaque voix, un parti peut, en effet, compter sur 1,66 euros de financement annuel. Un « parti » aussi fantaisiste qu'« Éden, République et Démocratie », récolte ainsi un pactole de plus de 150 000 euros par an. À ce prix-là, on se console vite de n'avoir gagné aucun siège à l'Assemblée nationale.

De toute façon, éphémères ou non, les partis sont d'abord des instruments au service des ambitions de leurs militants. Les Verts, par exemple, ne sont que vaguement écologistes. Ils prennent position sur toutes les questions, sauf sur les engrais qui polluent les rivières. Cela pourrait fâcher le monde agricole. En fait, l'unique vocation de ce « parti », c'est le recyclage. Mais pas celui auquel vous pensez. Celui des gauchistes fatigués et des soixante-huitards proches de la date de péremption.

Impossible de clore ce chapitre sans dire un mot des Trotskistes. Si je comprends bien, en France les thuriféraires de Léon Davidovitch ne constituent pas un mouvement politique, mais plutôt une sorte d'agence d'outplacement qui infiltre ses adeptes dans les autres partis et dans le monde de la télévision, de l'édition ou du spectacle. Ils y font carrière, comme tout un chacun – en attendant la Révolution, bien sûr.

Ainsi, bon an mal an, la France est toujours en mal de stabilité politique. Vous avez bien ri lorsque, en 2000, les Américains ont connu quelques mésaventures en Floride dans le décompte des bulletins de vote. Et cette élection présidentielle de 2002, avec Le Pen au deuxième tour, c'est mieux ? L'amour immodéré des électeurs pour les petits partis plus ou moins folkloriques d'extrême gauche, sortis tout droit d'Alice au pays des merveilles (« Interdisons les licenciements ») a permis ce deuxième tour de la honte. Bravo ! Soyons honnêtes, ce résultat calamiteux s'explique aussi par l'éternelle incapacité des Français à élaborer une loi électorale qui fonctionne. Alors, inévitablement la première tâche des vainqueurs, après chaque élection, consiste à bricoler le mode de scrutin.

Autre spécificité de la scène politique française, le cumul des mandats, malgré les timides limitations de ces dernières années. Quand j'ai raconté à des Américains qu'en France, un homme politique pouvait être maire sans habiter « sa » ville, ils ont refusé de me croire et, par mesure de sécurité, la barmaid n'a pas voulu me servir un nouveau verre de whisky. Résumons : environ 40 % des membres de l'Assemblée nationale jouissent de trois mandats ; sur les vingt maires d'arrondissement parisiens, sept n'habitent même pas dans leur quartier d'élection. Sans compter les nombreux élus des petites communes qui résident dans la capitale, bien loin de leurs terres électorales.

Pour les grands cumulards, déjà pourvus de leur propre club de réflexion, reste – histoire de passer pour une sorte de De Gaulle ou de Mitterrand selon affinités – à écrire un livre, passage obligé de tout homme politique un peu ambitieux. Et qu'importe si l'ouvrage est rédigé par un nègre qui, à l'occasion, pourra être fonctionnaire dans le ministère du sup-posé auteur. Les meilleurs, semble-t-il, proviennent du minis-tère de l'éducation nationale où les plumes sont nombreuses et de qualité. À éviter cependant, le roman rédigé de la main du politique lui-même, une vraie catastrophe si l'on en juge par leur faible tirage.

Mais tout est affaire de doigté. Il y a des moments où il faut savoir se mettre en avant et d'autres se faire discret. Chez les politiques en disgrâce, la « traversée du désert » façon de Gaulle, est très tendance. Elle sera suivie d'une « rentrée » en fanfare. Mais rares sont ceux qui font preuve de la patience du Général, et on assiste le plus souvent à des traversées du bac à sable. La députée-maire de Lille perd son siège de député et fond en larmes devant les caméras ? Elle disparaît quelques six mois. Idem pour un notable Vert brièvement candidat à la présidence de la République : le tarif sera de huit mois de cloître avant de revenir sur scène comme si de rien n'était.

La véritable originalité de la politique made in France, c'est l'importance de la petite phrase. On comprend pour-quoi chez vous la politique est un divertissement populaire. Homme du passé ou homme du passif, peu importe si on place un bon mot. En politique comme en séduction, le beau parleur l'emporte, exactement comme dans l'entourage de Louis XIV.

Le débat politique sur le thème de la criminalité est typique de ces joutes verbales. Doit-on réprimer plus dure-ment les délinquants ? La gauche, forcément angélique court à leur rescousse avec un argument de poids : les crimes nais-sent de la misère, ne pénalisons pas les pauvres. La droite, vole au secours des victimes, qu'elle rebaptise du joli nom de « France des oubliés ». Quel Français en effet ne se sent pas oublié par l'État ? Finement joué, un partout. Nos politiques, c'est sûr, parlent moins bien, et sont en tout cas moins mordants. Le dernier citoyen américain qui a osé mettre le pied dans les affaires françaises, c'était Tom Paine au XVIII<sup>e</sup> siècle. Pris de court par la cruauté des débats à la Convention, il faillit finir ses jours sur l'échafaud.

Pour en rester à la rhétorique, les hommes et les femmes politiques français excellent dans l'art du démenti-pas-tout-à-fait-démenti-mais-démenti-quand-même. Accusé d'avoir dépensé trop d'argent en frais de bouches, « on » répondra par une autre accusation : l'adversaire « ne cherche qu'à médiatiser le débat ». Démenti ou pas ? Et quand ils démentent catégoriquement, c'est pour revenir quelques mois plus tard sur leurs déclarations à l'image de ce Premier ministre qui, après avoir obstinément nié son passé de militant trotskiste, finit par l'avouer. Essayez de proposer un tel sujet de scénario à un producteur d'Hollywood, et il vous demandera quelle substance prohibée vous avez absorbée.

Imaginez, alors, les affres du pauvre correspondant de la presse étrangère : comment faire comprendre à ses lecteurs qu'en France il est tout à fait possible qu'un Premier ministre (Chirac en 1976) démissionne pour rentrer dans une quasi opposition ? C'est du passé déjà lointain ? Alors prenons le cas d'un Premier ministre de gauche battu au premier tour de la présidentielle qui démissionne, avant même les législatives, permettant ainsi au président de la République d'installer un gouvernement de droite, lequel, sans majorité au Parlement, effectue vite fait des « réformes » pour s'assurer la victoire électorale. Quand j'ai demandé une explication à des confrères français, ils m'ont répondu que c'était « la tradition ». La tradition, dans une République qui date de 1958 ?

On reproche parfois à la classe politique française de vivre dans sa tour d'ivoire, d'avoir peu de contacts avec la base. Ce n'est pas faux, mais vos chers élus sont également capables de jouer la carte populiste, grâce à la « méthode Lang ». Pour cet innovateur, illusionniste de talent, pourquoi prendre la peine de réformer alors qu'il suffit de divertir ? Et de proposer aux électeurs, à l'instar des empereurs romains, une série de happenings. Dès lors, le métier d'élu s'apparente à celui de GO (gentil organisateur) d'un très, très grand Club Med : l'ancien ministre de la culture a compris qu'être populaire ne consistait pas à faire des déclarations à la presse ou à gérer des budgets, mais à empêcher l'électeur de s'ennuyer. Comme il a fait école, nous avons donc droit à une succession d'événements du type Fête de la Musique, Jour du Patrimoine, Paris-Plage, ou Nuit Blanche. Cette dernière manifestation était organisée par la mairie de Paris, comme si le secteur privé de *Paris by Night*, la ville où, le soleil couché, on s'amuse déjà le plus au monde, n'était pas assez performant.

Autre pratique aussi courante que surprenante pour les étrangers : le parachutage, très mal vu aux États-Unis où il faut normalement être un gars du pays *(favorite son)* pour être élu. Deux exceptions seulement en un demi-siècle : Robert Kennedy et Hillary Clinton, vedettes nationales, qui se sont domiciliés à New York pour les élections. Mais cette ville, comme on l'a déjà vu, n'a d'autre prétention que d'être le XXIᵉ arrondissement de Paris.

En France, les élus de toutes tendances font leur chemin en manœuvrant dans un espace clos, la classe politique. Gagner des électeurs, c'est un détail. Grâce à des amis bien placés, on peut espérer obtenir une circonscription acquise, ou une mairie facile à conquérir. Paradoxalement, les parachutages sont tolérés dans les provinces françaises où, pourtant, les plaques d'immatriculation venues d'ailleurs suscitent la méfiance. La politique atteint son sommet en matière de grotesque quand le grand Jack Lang, encore lui, effectue le temps d'un week-end, une visite de dandy parisien habillé par Thierry Mugler dans sa nouvelle circonscription-sinécure de Boulogne-sur-Mer. Nul besoin d'habiter si loin de la capitale (ce serait l'exil). D'ailleurs, pour se justifier, Lang dispose d'une solide référence : à Château-Chinon, Mitterrand lui-même ne logeait-il pas à l'hôtel ? Ce que l'éléphant Lang peut apporter à ses électeurs, c'est son carnet d'adresses, parisien évidemment. Il « gère » sa circonscription par fax et e-mails depuis le confort de la Place des Vosges à Paris, tout comme les grands seigneurs terriens d'antan. Pour montrer qu'il vit tout de même en empathie avec la région, monsieur le député fait savoir qu'il « adore » le hareng et qu'il s'est adapté au « genièvre de Houlle ».

Et puis, pourquoi ne pas l'avouer, un Américain ne peut qu'être sidéré par la longévité de vos représentants. À chaque élection, on prend les mêmes et on recommence. Et qu'importe s'ils sont battus. À l'exception notable d'un Jospin, ils s'accrochent et reviennent un jour ou l'autre. Dans le monde du spectacle, des petits nouveaux percent, grâce à Star Academy notamment. Il y a toujours de nouvelles générations d'écrivains, d'artistes, et on compte même plusieurs grands PDG de moins de cinquante ans. Mais en politique, tout est figé. La plupart des politiciens ont des CV clonés : ils sortent d'une grande école (deux, c'est encore plus chic), ils ont été fonctionnaires, et sont « en politique » depuis plus de trente ans. Un vrai CDI. À part le fameux Poujade, on ne voit jamais poindre à l'horizon un Bill Clinton, un inconnu qui surgit sur la scène nationale depuis sa province natale. Mais j'oubliais : « c'est dans les vieux pots qu'on fait les meilleures soupes », non ?

# V

## Contestation : toujours dans la rue

Les étrangers ont tendance à se moquer des Français, ces « professionnels de la contestation ». À tort.

En arrivant à Paris de Columbus où la paix sociale règne depuis des lustres, enfin depuis la guerre du Vietnam, j'ai été fort surpris de voir tous ces gens descendre dans la rue, *tous les jours*, avec des pancartes, des banderoles et des haut-parleurs, marchant au pas et scandant en rythme leurs revendications. Manifester, c'est aussi évident qu'autrefois avoir une Gauloise au bec, un béret et une Deux-Chevaux mal garée. C'est presque un acte sacré : des paysans mettent le feu au Parlement de Bretagne, qui le leur reprochera ?

Au bout de dix ans, j'ai fini par comprendre que sans ces manifs incessantes, la France ne serait plus la France. Imaginez un instant votre pays autrement : le patronat et *un seul* syndicat se mettent à table, et au terme de huit heures de discussions austères, ils parviennent à un accord. Suivent les shake-hand devant les caméras, puis on fait circuler les cigares. De grève, il n'a même pas été question.

Sans cette ébullition permanente entretenue par la contestation, la France ressemblerait... aux Pays-Bas, à l'Allemagne, ou pire, à l'Ohio. Quelle tristesse ! De toute façon, c'est impensable : « Le consensus américain n'est pas exportable », constatait un jour laconiquement Michel Rocard. Ouf.

Rien n'interdit, cependant, de se demander pourquoi les manifestations, les grèves et la grogne sont devenues le langage universel de l'Hexagone.

Je crois que je connais la réponse : parce que les Français n'ont pas d'autre choix. Les travailleurs se retrouvent face à un patronat des plus obstinés, et de surcroît, à peu près aussi généreux que le Père Grandet. Les étudiants, eux, doivent négocier avec un « mammouth » frappé de surdité. Les administrés sont confrontés à une bureaucratie aussi manœuvrable que le *Titanic* sur le lac du Bois de Boulogne. Alors, forcément, hors contestation, point de salut.

En plus, ici, l'initiative individuelle est mal vue. Une seule solution pour se faire augmenter : l'action collective. Ainsi, toutes les infirmières, tous les employés de banque et tous les camionneurs obtiennent des hausses de salaires en même temps.

Ces Français qui, à l'inverse des Américains, privilégient une cuisine des plus variée, ne rêvent que de carrières uniformes, lisses, bien tranquilles, avec en prime l'emploi à vie, et si possible, l'État comme patron. S'imposer à la force du poignet serait faire preuve d'un manque de solidarité comme le disait amèrement Françoise Sagan : « En France, on ne supporte pas le succès. »

Cet état d'esprit est si bien ancré dans les mœurs que notre cher self-made-man apparaît ici comme une incongruité. Un jour, je citais à mon copain Jean-Paul l'exemple d'un parent qui était devenu PDG d'une grande société d'assurances de l'Ohio.

« Il a fait une grande école ? », m'a-t-il demandé.

« Aucune. Il n'a même pas ce qui équivaut au bac chez vous. Il a commencé comme coursier, mais c'est un travailleur acharné alors il a vite grimpé dans la hiérarchie. »

« Drôle de pays, l'Amérique ! », a conclu Jean-Paul.

C'est au cours de mes débuts dans une agence de presse à Paris que j'ai pu saisir la différence de mentalité entre Français et Américains. Affecté au service photo, je travaillais le soir aux côtés d'un sympathique collègue parisien, Gérard. Les week-ends, nous étions souvent débordés par une marée de photos d'événements sportifs qu'il fallait acheminer vers les clients. J'ai proposé à Gérard de nous organiser autrement, de façon à pouvoir tout faire le samedi soir : le chef de service serait content de constater notre efficacité.

Il m'a regardé comme si j'avais 40 de fièvre. «C'est pas du boulot», a-t-il répondu en me faisant comprendre que la direction n'avait qu'à prévoir un troisième poste pour le service du soir. Il considérait manifestement que mon zèle était déplacé.

Allez vous étonner ensuite que les Américains considèrent que le système français démotive les employés compétents et récompense les médiocres, même si c'est au nom d'une justice sociale idéalisée. Mes compatriotes s'imaginent aussi que vous faites grève pour avoir plus de sous. Quelle erreur ! Les Français ont apporté une toute autre dimension à l'arrêt de travail. Ainsi les instituteurs se mettent en grève afin de «réclamer le retour à la priorité gouvernementale pour l'éducation». Ou alors les cheminots débraient parce qu'ils veulent garantir la qualité du service public (comprendre davantage d'embauches). Nobles causes, n'est-ce pas ?

Une syndicaliste m'a – involontairement – aidé à saisir la raison profonde de tous ces mouvements sociaux. Interrogée sur la mise en place, comme en Italie, d'un service minimum à la SNCF, Annick Coupé, membre de l'union syndicale G10-Solidaires (regroupant 32 organisations, dont les syndicats SUD), a répondu un jour : «Si les salariés ne peuvent plus exprimer leur ras-le-bol, on risque une explosion sociale.» Voilà, en peu de mots, l'explication : faire grève, contester, c'est juste une *thérapie* à la française.

Le site Web «lesgreves.com» nous propose une liste exhaustive des débrayages accompagnée de son «baromètre des grèves». Les mentions normal, passable, rouge décrivent la situation sociale du pays. Mais attention «normal» ne signifie pas qu'aucun arrêt de travail n'est signalé, simplement que la situation n'a rien d'exceptionnellement tendue.

Une petite suggestion: on pourrait ajouter au bulletin météo de la télé la carte des débrayages. Au nom du service public.

# VI

## Petit dictionnaire à l'usage de mes compatriotes perdus dans la jungle linguistique

Les Gaulois, selon Jules César, parlaient un drôle de patois, bien utile pour cacher leurs intentions à l'envahisseur romain. Il en va de même de leurs descendants, les Français du XXIe siècle qui, influencés à leur tour par la vague du politiquement correct, préfèrent souvent recourir à une formulation « acceptable », pour mieux dissimuler certaines vérités pas toujours bonnes à dire.

Afin d'aider mes compatriotes américains qui débarquent dans les aéroports français, faute de sauter sur les plages de Normandie, je leur ai préparé ce petit lexique.

**Avantages acquis :** ensemble des avantages, minima, subventions, aides, privilèges, et primes de toutes sortes dont jouit le Français moyen, auxquels nul, fût-il élu avec plus de 80 % des voix, n'oserait jamais s'attaquer.

**Concertation :** version française du « consensus ». En France, on y inclut les acteurs sociaux, et le gouvernement. Mais surtout pas l'opposition. C'est dire que près de 50 % du pays en est exclu. Résultat : avec les alternances inéluctables, l'opposition devenue majorité annule toutes les décisions antérieures pour organiser sa propre « concertation ».

**Démontage :** destruction. Euphémisme à préférer dans le cas d'un McDo oblitéré par José Bové. Les Français acceptent la violence à des fins politiquement correctes.

**Deux vitesses :** bête noire de l'électeur de gauche. Quand la droite est au pouvoir la justice est forcément « à deux vitesses » comme la médecine ou la fiscalité.

**Droit de grève :** chaque Français a le droit d'arrêter le travail à tout moment, pour n'importe quel motif et, si possible, en empêchant les autres de travailler. L'ensemble des citoyens se doit de le soutenir (ce qui est d'ailleurs le cas si l'on en croit les sondages).

**Égalité :** de la trinité révolutionnaire, elle est la seule survivante et les hommes politiques l'ont tous à la bouche. Qu'importe ensuite si les contribuables de Lille paient quatre fois plus d'impôts locaux que les Parisiens. Que l'on jouisse dans le service public de retraites plus avantageuses que dans le privé. Que les enseignants et fonctionnaires de l'éducation nationale trouvent toujours le collège qui convient à leurs enfants. Mais qui a dit que les avantages acquis (voir ci-dessus) renforçaient les inégalités ?

**Exclusion :** pauvreté, manque de ressources.

**Langue de bois :** première langue étrangère enseignée dans les grandes écoles. Par exemple, pour lutter contre la pauvreté, un membre du gouvernement propose « la mobilisation de tous les acteurs du secteur ». Traduction : qu'est-ce que vous voulez que j'y fasse ?

**Mouvement social :** grève. (Voir droit de grève.)

**Plan social :** licenciement collectif dans une entreprise. On fait tout pour éviter le mot « licenciement » trop brutal.

**Proximité :** mythe qui relève de la vie d'autrefois où l'on trouvait les petits commerçants, le médecin, le notaire et le curé au coin de la rue. Ils ont été remplacés par des banques et des boutiques de fripes, mais on entretient une certaine nostalgie collective de cet âge d'or. Rien de surprenant dans un pays qui s'est industrialisé sur le tard.

**Revalorisation :** augmentation de salaire, suite logique d'un mouvement de grève.

**Risque Zéro :** n'existe pas. Autrement dit, « Merde, on peut se tromper, non ? »

**Sécu :** vache sacrée de la protection sociale française. Grâce à la générosité de la Sécu, il n'existe plus en France un seul malade qui s'ignore. Cette assurance marche aussi bien qu'une Mercedes – mais au prix d'une Rolls-Royce. Car la Sécu est excessivement généreuse ! Les malades, imaginaires ou pas, ont le droit de voir autant de médecins qu'ils le désirent. A-t-on droit à une consultation médicale remboursée pour un coup de blues, par exemple ? Oui, répond la Sécu. L'augmentation vertigineuse des prescriptions de Valium, Lexomil et autres Prozac, (la France est le pays qui consomme le plus de calmants et d'antidépresseurs au monde) censés aider vos concitoyens à affronter une autre mortelle journée, semble en attester. Grâce à la Sécu, les Français aiment leur toubib : en moyenne, 17 visites par an, contre 2,8 aux USA. D'où des déficits en permanence, qu'on appelle poétiquement des « trous ».

**Service minimum :** tranche horaire où un arrêt de travail serait interdit, afin de permettre aux autres de se rendre à leur bureau, par exemple.

**Service public :** formule préférée des syndicats, même si le bien public n'est pas toujours le premier souci de ces derniers. Il existe aussi des monopoles du secteur privé, par exemple, le câbleur Noos, dont l'indice de satisfaction catastrophique fait rêver du secteur public.

**Solidarité :** idée polyvalente qui peut désigner soit la charité type Téléthon, soit la redistribution des revenus par la fiscalité, soit l'aide de la collectivité aux sinistrés. Les Français se plaisent à en parler comme s'il s'agissait du plus noble produit de leur République, inconnu dans d'autres pays.

**Terroir :** argument pour vendre les produits agricoles de l'Hexagone plus chers que leurs équivalents étrangers. Et pourtant, on fait du « roquefort » en Corse, le « brie de Meaux », provient souvent de la Meuse et les escargots n'ont de Bourgogne que le nom. Et puis, dans ce bienheureux « terroir » aussi on a transformé les vaches herbivores en cannibales à force de les gaver de farines animales.

**Treizième mois :** curieuse pratique française destinée à rendre les employés de bonne humeur en décembre, mais au prix d'une grogne revendicative pendant les onze autres mois de l'année.

**Vacances :** congé annuel, qui est devenu un droit sacrosaint de la société française d'après-guerre. En France, même ceux qui ne travaillent pas (chômeurs, retraités, étudiants etc.) prennent des vacances et de préférence loin de chez eux. Des vacances passées à la maison, c'est nul.

**Vieille Europe :** à ne pas utiliser en France. Véhicule tout le mépris d'un Américain (dans ce cas l'inénarrable Donald Rumsfeld secrétaire à la Défense) pour des pays qu'il juge à bout de souffle puisqu'ils ne sont pas capables de faire la police sur leur continent sans l'aide des « boys ». À noter que ce « vieux » est péjoratif pour un Américain et plutôt flatteur pour un Français qui y voit une preuve de sagesse.

# VII

## Immigrés : la politique de l'autruche

Intégration ou communautarisme ? Officiellement, il y a longtemps que la France a fait son choix. Admirable, cette volonté française de maintenir envers et contre tout la République une et indivisible, de refuser les divisions ethniques ou religieuses qui fracturent tant d'autres pays. Tous les journalistes qui, comme moi, ont été témoins des ravages de la haine communautaire, au Moyen-Orient, ou en Irlande du Nord, ne peuvent que saluer ce noble idéal. Et pour un Américain élevé dans le mythe du melting-pot, comment ne pas apprécier une politique qui vise à faire de tous les citoyens des Français, et rien d'autre. Sauf que vous abordez les problèmes de l'immigration et du communautarisme... les yeux fermés.

La France, est-elle ou non, un pays multiethnique ? On ne veut pas le savoir. Les beurs ont-ils voté à gauche ou à droite ? On l'ignore. Les juifs de France, sont-ils socialistes ou libéraux ? Aucune idée. Les mariages mixtes augmentent-ils ? Probable, mais pas certain. Les enfants de l'immigration, accèdent-ils aux grandes écoles ? Très rarement. Dans quelle proportion exactement ? Mystère.

Pour conserver l'illusion de rester fidèle au modèle républicain, on préfère se voiler la face. En France, il est formellement interdit de collecter des statistiques sur des bases d'origines ethniques. Tous les sociologues se plient sans protestation à cette manifestation du politiquement correct. Et si par hasard l'un transgresse la règle, il se fait agresser par ses propres collègues. Ce type d'interdiction traduit peut-être une conviction républicaine, mais aussi et surtout la peur de découvrir que le pays change. Constater, ce serait mettre à jour, révéler, avouer que la France n'est plus tout à fait ce qu'elle était. Bref, classer les Français sur la base de leur origine ethnique conduirait fatalement au communautarisme. On risquerait de voir émerger un parti politique africain, avec des « courants » marocain, algérien, ivoirien, martiniquais, beur, et les élections finiraient par ressembler – quelle horreur – à celles des États-Unis où les candidats doivent faire campagne auprès du bloc latino, des Noirs, des Irlandais, du lobby juif.

Inacceptable pour un authentique républicain, non ?

Résultat, le débat sur la politique d'immigration appartient à la sphère des sujets considérés comme « délicats ». Il est encore plus difficile d'en discuter ouvertement et sans *a priori*, que de l'euthanasie, de la réforme de la Sécu ou, naguère, de la pédophilie. Pour s'y être essayés, Michel Rocard et Laurent Fabius ont soulevé un tollé. Le premier n'avait-il pas osé affirmer que « La France ne peut accueillir toute la misère du monde » et le second que Jean-Marie Le Pen « posait de bonnes questions auxquelles il apportait de mauvaises réponses ». Mais ce refus de soulever le problème de l'immigration qui apparaît à beaucoup d'étrangers comme un incompréhensible angélisme a sa contrepartie : une élève de l'école publique portant un foulard, ou l'ouverture d'un Franprix halal, sont perçus comme une atteinte pernicieuse à l'image traditionnelle d'une France à la fois laïque et majoritairement chrétienne. Ajoutez quelques cas de polygamie – tolérés – ou d'excision de jeunes filles – là il y a plus de protestations – et voici que les indigènes se mettent à penser que ces gens-là ne sont pas comme « nous ».

Face à l'immigration, il y a en fait deux catégories de Français : ceux qui côtoient les immigrés dans les cités, auxquels on ne peut cacher la réalité, et les autres, qui habitent des quartiers inaccessibles aux économiquement faibles et scolarisent leurs rejetons dans des collèges où les enfants d'immigrés sont quasiment inexistants. Ceux-ci ne savent rien de la situation réelle des banlieues ou bien fantasment à partir des informations télévisées ou de films comme *La Haine*. Tout à leur rêve d'une France éternelle, ils mettent dix ans à découvrir les tournantes et s'en étonnent.

D'où la surprise des Américains quand ils constatent à quel point la vraie France, celle que l'on croise tous les jours dans les rues, et la France dans laquelle une majorité de Français croit encore vivre, sont différentes. Le pays réel, avec ses mélanges de races et ses couples mixtes, contredit l'image franco-française de l'Hexagone que véhicule la télévision. Certes, on n'en est plus à l'époque où Marcel Dassault interdisait dans *Jours de France* les photos de mannequins noirs. Mais, parmi les présentateurs du JT ou les animateurs d'émission, combien de visages de Maghrébins, d'Africains ou d'Asiatiques ? À croire que les dirigeants de la télévision comptent sur les séries américaines pour montrer des Noirs – mais des Noirs métissés, made in USA !

De temps en temps, on fait un petit effort. On prête une oreille sympathique aux revendications de mouvements tels celui animé par l'écrivain Calixte Belaya qui réclame davantage de représentants des minorités à l'antenne. « La France multiethnique devient plus visible à la télévision », titrait ainsi *Le Monde*. Mais l'article ne citait que deux exemples : un Réunionnais et une Antillaise. Celle-ci racontait comment on s'était empressé de la mettre à l'antenne après juste une petite semaine de formation. C'est le phénomène de *tokenism* que nous avons connu aux États-Unis dans les années 1970 : on cherche à tout prix une personne de couleur, simple alibi destiné à faire taire les critiques.

Pour l'essentiel la France officielle reste blanche, comme la farine de ses baguettes. Les élections législatives de 2002 ont donné au pays une Assemblée nationale sans un seul député de couleur (sur 8 424 candidats, on en comptait seulement 123 d'origine maghrébine ou africaine, et parmi eux aucun n'est arrivé au deuxième tour). Aux États-Unis, un tel phénomène donnerait inévitablement lieu à des manifestations de la communauté noire. En France, rien. Loin d'être ému par ces statistiques (officieuses, ça va de soi), le public se contente de les ignorer, grâce à l'«autruchisme» ambiant. Si vous voulez savoir combien on compte de Français d'origine maghrébine dans le monde politique, ne perdez pas votre temps à le demander à l'INSEE.

Cette absence de statistique sert aussi à cacher une triste réalité : en France, les nouveaux arrivants ont peu d'espoir de réussir. Selon certaines estimations, toujours officieuses, un enfant issu d'une famille immigrée n'a qu'une chance sur vingt-cinq (au lieu d'une sur quatre) de faire des études supérieures. Pas étonnant que les minorités s'estiment privées de leur part du gâteau. Les jeunes beurs scolarisés ne trouvent pas beaucoup d'exemples de réussite pour les motiver, à part Zidane et Nagui. Un PDG beur nommé à la tête d'une grande société ? Connais pas.

La condition des immigrés en France fait penser au titre du livre du noir américain Ralph Ellison, *The Invisible Man (L'Homme invisible)*. Si une certaine jeunesse venue de l'immigration se distingue par son taux de criminalité et un niveau de chômage digne du Tiers-monde, les Africains de France restent plutôt discrets.

Et pourtant, la reconnaissance du droit à la différence a constitué, dans certains pays, un premier pas vers l'intégration. Un geste inimaginable pour la République qui répugne aussi à l'instauration de quotas. Avec une seule exception au bénéfice des Françaises de souche, au nom de la parité en politique. À l'arrivée, un demi succès. Il faut reconnaître qu'aux États-Unis, la politique de promotion raciale connue sous le nom de discrimination positive *(affirmative action)* qui accorde des «préférences» aux minorités dans les universités et à l'embauche reste extrêmement controversée, peut-être faute d'avoir convaincu de son efficacité.

Parmi les étrangers aussi, nombreux sont ceux qui considèrent qu'à la différence du communautarisme, le modèle républicain est artificiel. Rien d'étonnant donc à certains dérapages, comme lors de ce match France – Algérie en 2001 où de jeunes beurs sifflèrent la Marseillaise avant d'envahir le terrain. Un comportement qui a fait froid dans le dos aux Gaulois de souche. C'est un des rares cas où la France officielle (politiques en tête) a été confrontée à la réalité de l'immigration – pire devant les caméras.

Et cela n'est pas fini, car le courant anti-républicain restera puissant parmi les étrangers tant qu'ils se sentiront exclus. Un jour viendra fatalement où les immigrés appliqueront à leur tour la leçon apprise sur le terrain social : un individu isolé qui revendique est facilement écrasé. Mieux vaut donc se constituer en groupe de pression, à la manière des cheminots, des infirmières et des enseignants. Gare à l'apparition du «syndicalisme» ethnique.

Faut-il, dès lors, assouplir la règle intangible selon laquelle la République ne veut connaître que des citoyens, quelle que soit leur origine ? De toute façon, la France du XXIe siècle aura du mal à continuer d'interdire toute manifestation des différences ethniques ou religieuses. Quand on voit les problèmes que soulève l'interdiction du foulard islamique, on se prend à espérer que la France n'aura jamais une immigration importante de Sikhs. Car leur demander d'enlever leur turban pour aller à l'école... Bon courage !

Par ailleurs, si l'on en croit l'expérience américaine, les origines ethniques sont, par nature, ineffaçables. Depuis un certain nombre d'années, l'Amérique subit en effet une nouvelle mode. Ceux que l'on nomme « Américains à trait d'union » *(hyphenated Americans)* à cause de leur désignation ethnique : Italo-Américains, Africain-Américains, et ainsi de suite retrouvent leur fierté par la réaffirmation de leurs origines. Comme c'est souvent le cas, cette tendance made in USA pourrait à son tour traverser l'Atlantique, c'est dire que la question des communautés n'est pas prête à disparaître en France.

Et pourtant, la France traditionnelle finit par l'emporter dans bien des domaines. Si les musulmans ne peuvent que remarquer amèrement que Noël est férié, tandis qu'Id al Fitr, qui marque la fin de Ramadan, est un jour ouvrable, on voit tout de même dans les banlieues à majorité musulmane des enfants faire la queue pour s'entretenir avec le Père Noël. Vaille que vaille, le travail d'assimilation s'effectue peu à peu. On choisit de plus en plus des prénoms francisés, et pas seulement pour éviter les pratiques discriminatoires.

Reste la question centrale, que l'on n'aborde pas plus que les autres : quelle immigration voulez-vous ? Regardez les Américains : face à la mondialisation, ils ont eu l'intelligence de comprendre que là aussi la concurrence existe. Alors, s'ils sont disposés à accueillir des immigrés, ils les choisissent le plus souvent parmi les plus doués, les mieux formés. Après tout, c'est notre tradition d'attirer les meilleurs. Comment pensez-vous que nous avons glané tant de Prix Nobel ? Aux États-Unis, 21 % des immigrés ont un niveau minimum de bac plus cinq, soit plus de trois fois celui des Américains de souche. On leur propose du travail dans les laboratoires universitaires ou dans les grands centres de recherche. Et en France, qu'est-ce que vous pouvez leur offrir, en dehors du RMI ?

# VIII

## Médias : on vous cache tout, on vous dit rien

Parler des médias est toujours un exercice difficile. Plus encore quand le sujet vous tient particulièrement à cœur. Et, comme la presse française apparaît pleine de paradoxes aux yeux de l'ancien de *Newsweek* que je suis, l'affaire s'annonce délicate.

Essayons d'être objectif. Première observation : les journalistes français que l'on croise sur tous les points chauds du globe sont parmi les plus tenaces et les plus courageux. Toujours prêts à risquer leur peau pour un bon reportage. Quant aux photographes, ce sont de véritables têtes brûlées, dès lors les meilleurs dans leur domaine.

Quand, en revanche, on découvre la presse française chez elle, on est consterné. Les médias sont respectueux, voire obséquieux à l'égard du pouvoir (dont ils reçoivent pour la plupart des subventions directes ou indirectes). Certains journalistes sont manifestement corrompus et beaucoup d'une incroyable paresse... Un avis partagé par la plupart des correspondants étrangers qui ont le bonheur de venir travailler en France.

Surprenante constatation, car le Français est, par nature, contestataire et sceptique. Autant dire que cette presse molle ne lui ressemble guère.

Prenons au hasard le journal de 20 heures. Le présentateur, peu importent son nom et la chaîne, annonce que le ministre de l'Intérieur est l'invité du jour. La première question se veut « dure » : que pense Monsieur le ministre des critiques émises à l'Assemblée contre sa politique ? Nullement pris de court – il s'y attendait – l'éminence balaie le problème d'un revers de main, observant que l'opposition quand elle était au pouvoir n'a rien fait.

Deuxième question. Son contenu est sans importance, puisqu'elle déclenche systématiquement un discours politique, véritable objectif de l'apparition du ministre à l'écran. De la langue de bois au plus haut niveau. Aux yeux de l'excellence, le journaliste devient quasiment transparent, comme un chauffeur ou un membre quelconque de son cabinet. L'homme politique fait son speech, rassure, parle à la nation, à la manière du général de Gaulle. À ses yeux, la télévision, publique ou privée, ne fait que remplir son rôle de courroie de transmission de l'État jacobin. Elle est là d'abord pour le mettre en contact avec ses électeurs. Si, d'aventure, son vis-à-vis tente de lui couper la parole, il ne se laisse pas faire. Ayant appris à s'exprimer devant un micro, il connaît toutes les astuces. À Polytechnique, les futurs dirigeants disposent même d'un petit plateau de TV pour apprendre aux élèves à affronter les médias sans jamais rater une syllabe.

Le présentateur est d'autant plus indulgent qu'il existe entre eux une large connivence. Pour ce « journaliste » de la télévision, le ministre en tant qu'« invité » a droit à tous les égards. On doit le supporter comme si c'était un hôte un peu rasoir. Et puis, il s'agit tout de même d'un des plus hauts représentants de l'État. En France, cela se respecte.

Autre élément qui a son importance, notre ministre, souvent sorti d'une grande école est supposé avoir un Q.I. supérieur à celui de son interlocuteur. (Oserais-je préciser que chez nous, au contraire, les journalistes sont plus diplômés que les élus, ce qui n'est pas difficile vu le faible niveau intellectuel de notre Congrès.) L'«interview» à la française se déroule donc en douceur, sans acrimonie, comme une conversation dans un salon du VII<sup>e</sup> arrondissement. Pour un politicien français, c'est de la pub gratuite !

Honnêtement, nous sommes loin des pratiques journalistiques en règle dans les pays anglo-saxons. Un ministre qui passe par exemple à la BBC est rudement mené, voire malmené. On le harcèle de questions inattendues. On le met face à ses contradictions. On lui coupe la parole s'il ne répond pas. Car un journaliste anglo-saxon, pour s'affirmer parmi ses pairs, doit déranger, déstabiliser son interlocuteur. La courtoisie n'est pas une qualité, au contraire. Il est fréquent que des hommes politiques britanniques se plaignent et dénoncent publiquement le traitement qui leur est réservé. Avez-vous jamais entendu ce genre de plainte en France ? (Aux États-Unis, le problème ne se pose pas puisque l'on invite rarement les ministres aux journaux télévisés, de crainte d'une baisse subite de l'Audimat.)

Si j'ai d'abord évoqué le cas de la télévision c'est parce que la plupart des Français se contentent du petit écran pour s'informer. En France, le taux de pénétration des quotidiens est l'un des plus bas d'Europe. C'est plutôt à travers les revues de presse de la radio qu'un Français moyen prend connaissance de ses journaux, dont les plus fidèles lecteurs sont d'autres journalistes. Quant à la presse de province, elle est indéniablement meilleure que le *Columbus Dispatch* (de l'Ohio), où seules la rubrique sportive et les bandes dessinées sont lisibles.

Pour en revenir à l'Hexagone, un Américain a du mal à comprendre pourquoi les journalistes français sont si réservés vis-à-vis du pouvoir. Auraient-ils peur de perdre leur carte de presse ? Sûrement pas. Et pourtant ils se contentent le plus souvent de réagir aux événements et aux communiqués de presse diffusés par les différents ministères. Il est rare que la presse nous étonne. Les révélations sont peu fréquentes, l'investigation, une exception.

Mais le plus extraordinaire pour nous, journalistes étrangers, reste ce penchant masochiste qui conduit parfois la presse française à se censurer elle-même. Ainsi après la publication par *Paris-Match* des photos de Mazarine, la fille illégitime de François Mitterrand, une radio m'avait convié à un débat.

« Pour discuter de quoi ? » ai-je demandé, avec ma naïveté habituelle. Pour moi, c'était un petit scoop, sans plus.

« Mais de... la polémique ! », m'a-t-on répondu.

Une polémique ? Eh oui. Car, même si l'Élysée n'avait nullement protesté, les voix d'autres journalistes s'élevaient contre ces révélations. Au nom du respect de la vie privée et dans un souci d'éviter une dérive vers « la presse de caniveau à l'anglaise » m'ont expliqué les responsables du *Nouvel Observateur* et du *Canard enchaîné* présents à ce débat. Je n'avais jusque-là jamais vu dans une démocratie un tel cas d'auto-censure réclamé par la presse elle-même. Avec le plus grand sérieux, un de mes confrères m'a d'ailleurs expliqué pourquoi il se refuserait à faire état de la vie intime d'un homme politique. « Imagine qu'après on fasse la même chose pour ma vie privée. » Gonflé ! « De toute façon, tout le monde était déjà au courant pour Mazarine », ajouta-t-il. Tout le monde ? Vraiment ?

Dans le petit cercle des professionnels parisiens, peut-être. On est en effet beaucoup mieux informé sur ce qui se passe en France en rencontrant des journalistes qu'en lisant leurs articles. De là à conclure que le journaliste parisien est un snob, un élitiste de l'info, qui fait le tri entre celles qui sont bonnes pour la France d'en bas et les autres, plus gratinées, qu'il garde sous le coude pour les conversations entre confrères ou les dîners en ville. Il arrive parfois, que ces informations réservées aux initiés soient d'importance, comme ce fut le cas avec les maladies des présidents Pompidou et Mitterrand.

Cette auto-censure, ce comportement plus royaliste que le roi, m'apparaît injustifiable dans un pays qui se veut démocratique. Si le rédacteur français rédige ses commentaires en toute liberté, d'une plume habile à manier l'ironie et le sous-entendu, c'est avec parcimonie qu'il livre ses informations. Pour comprendre quelque chose dans la presse française, il faut savoir lire entre les lignes, car le langage y est souvent codé. Au lecteur de décrypter. On ne dit pas, mais on fait comprendre. Du moins, le croit-on.

Est-ce culturel ? Le Français a une façon bien à lui de s'informer. Son scepticisme le porte à douter d'une information dès qu'elle devient publique. Une histoire qui passe de bouche à oreille, comme dans les villages d'autrefois, que seuls les initiés connaissent, voilà son vrai plaisir. Une fois à la une des médias, elle perd toute valeur, devient vulgaire. L'Américain, par contre, se montre plus démocrate : si quelqu'un est au courant, tout le monde a le droit de l'être. Un confrère qui travaille dans un hebdomadaire parisien m'a expliqué un jour avec l'air satisfait et un peu condescendant de « celui qui sait », les pratiques sexuelles – naturellement impubliables – d'un certain président de la Ve République. Au-delà de la confidence, c'était à ses yeux, un geste d'amitié : il me faisait entrer dans le cercle des « initiés ». Désormais, je fais de même, quand j'ai par hasard une information croustillante.

Mais pourquoi la presse est-elle, comme le montrent les sondages, si peu crédible ? Les Français se souviendraient-ils que leurs journaux, payés par le gouvernement du Tsar, avaient encouragé les petits porteurs à investir dans l'Emprunt russe – avec les conséquences que l'on sait ? Peu probable, c'était il y a près de cent ans.

Ou alors serait-ce la déontologie floue pour ne pas dire élastique de cette profession qui les choque ? Certains dérapages expliquent cette méfiance. Lors d'une visite officielle d'un président de la République en Arabie Saoudite, les Saoudiens avaient offert des Rolex en or aux journalistes présents. Tous avaient accepté avec une discrétion parfaite, sauf une brebis galeuse qui, en décidant de divulguer l'histoire, obligea ses petits camarades à restituer, non sans regrets, le somptueux cadeau.

Et, lorsqu'en 1995, lorsque le scandale des appartements du « domaine privé » de la ville de Paris a éclaté, Alain Juppé n'était pas le seul concerné. Une poignée de « grands » journalistes figuraient parmi les privilégiés qui payaient des loyers fort bas. Seule différence : Juppé a été obligé de déménager. Pas les journalistes qui, à quelques exceptions près, continuèrent pendant de longues années à bénéficier en toute inconscience de ce privilège. Et que dire de la bataille menée par la profession, avec une ferveur digne d'un combat pour les droits de l'homme, en vue de sauvegarder un autre privilège, l'abattement fiscal ?

La déontologie, c'est aussi la manière de travailler. Il suffit de citer un exemple : l'« interview » monté de Patrick Poivre d'Arvor avec Fidel Castro. Quelques papiers féroces dans *Le Canard enchaîné* et puis... Rien. Et pour cause : à ce jour, il n'existe pas en France de véritable mécanisme professionnel qui sanctionne les fautes, légères ou lourdes, des journalistes. Les Anglais ont établi le *Press Complaints Commission* habilité à statuer sur les contestations et les questions de déontologie. Et, aux États-Unis, les grands journaux publient chaque jours une colonne – plus ou moins longue – où sont énumérées les erreurs relevées dans l'édition de la veille.

Plus inquiétant, la France ne veut pas voir qu'elle a un problème de médias. L'Agence France-Presse disparaîtrait sans une subvention annuelle de l'État. Une aide qui la fait vivre, mais porte, dans le même, temps, atteinte à son indépendance et donc à sa crédibilité internationale. La presse écrite aussi accepte de recevoir une aide de l'État sous diverses formes.

Non, décidément, nous n'avons pas la même conception de l'indépendance de la presse. D'où mon étonnement lorsqu'un confrère d'un quotidien financier me raconta une anecdote qui, selon lui, témoignait de sa liberté. Invité à un séjour tous frais payés par le gouvernement d'un pays, exotique, ensoleillé et producteur de minéraux côtés en Bourse, il avait accepté l'aubaine. De retour à Paris, il se vantait d'avoir « fait exprès de ne pas faire de papier ». Refuser tout simplement le voyage, comme l'aurait fait n'importe quel journaliste américain ne lui était même pas venu à l'esprit.

Mais ne jetons pas la pierre, ne soyons pas trop sévère. Personne en France ne compte sur les journalistes pour donner l'exemple en matière d'indépendance. Lorsque le bureau parisien d'un hebdomadaire américain a voulu licencier pour faute professionnelle l'un de ses collaborateurs, américain de surcroît, « Niet » ont répondu les prud'hommes à l'employeur. Pourtant ledit journaliste, non seulement acceptait mais aussi sollicitait des voyages et des séjours gratuits dans des hôtels de luxe aux quatre coins de l'Europe. Juste pour son plaisir personnel, il assistait à des spectacles dont il ne parlait jamais dans le journal. Apparemment, se faire ainsi choyer n'a rien d'anormal pour des journalistes français. Ces pauvres ploucs d'Américains auraient dû le savoir.

Tout, bien sûr, n'est pas aussi négatif dans la manière dont fonctionne votre presse. Elle n'a ainsi – sauf exception – jamais recours à ce que ses homologues anglais ou allemands appellent le *checkbook journalism* : payer pour s'assurer une exclusivité. Revers de la médaille, les informations exclusives sont rares chez vous.

Pour revenir à la désaffection des Français à l'égard de leur presse, je pense que l'on sous-estime une explication purement matérielle : les journaux restent inaccessibles à la France d'en bas, pour une simple question de prix. Un prix élevé dû en partie aux syndicats et au monopole de la distribution. À quoi sert une presse qu'on ne peut pas se payer ? Qui va débourser plus d'un euro pour *Le Figaro* ou *Le Parisien*, plus que pour acheter une baguette ? À Londres ou New York, les grands journaux coûtent à peu près la moitié. Regardez le métro là-bas, presque tous les passagers sont plongés dans leur quotidien. En France, le voyageur lit plutôt des livres ou des journaux gratuits, quand il en trouve. S'informer revient moins cher aux consommateurs américains, et la taxe audiovisuelle n'existe pas. (Rassurez-vous, en échange nous avons trois fois plus de publicités sur le petit écran.)

Je ne suis pourtant pas certain qu'une presse meilleur marché se vende mieux. Osons le dire, vos quotidiens sont d'un tel ennui. *Le Monde*, un journal ascétique, aseptisé même, présente sa version des événements avec toute la componction d'un maître d'école, le sérieux d'un janséniste au sourire pincé, et l'enthousiasme d'une vieille fille de Limoges. Plus austère, je ne vois que le *Journal Officiel*. Toujours le strict minimum, pas de détails juteux, et comme à l'école publique, si vous ne comprenez pas, vous pouvez toujours aller chercher ailleurs.

Convaincus de leur supériorité, les dirigeants du *Monde* – qui ont toutefois quelque peu perdu de leur superbe à la suite de la publication du livre-enquête de Pierre Péan et Philippe Cohen – ne daignent pas se mesurer à leurs concurrents, français ou étrangers.

Un confrère de la presse parisienne obtient un scoop ? Au *Monde*, on l'ignore, sauf s'il possède une dimension incontournable, et, dans ce cas on lui accorde une petite place en dernière page. Quand un chercheur français a découvert ce qui serait la plus ancienne référence à Jésus, les lecteurs du quotidien de référence l'ont appris 48 heures après ceux du *New York Times* ! Si les lecteurs du *Monde* lui restent fidèles, je suis persuadé que c'est par devoir plutôt que par plaisir. À moins que ce ne soit pour leur standing, ou parce qu'ils n'ont pas d'autre choix.

Pour compenser une presse quotidienne fade, inodore, et sans couleurs, il faut de bons hebdomadaires. Heureusement, dans ce domaine, la France est mieux lotie. Mais vos hebdos sont pour la plupart des journaux d'opinion et les Américains y sont peu habitués. J'avoue être quelque peu désorienté lorsque *Le Nouvel Observateur*, sur son site Web, encourage ouvertement les lecteurs à signer une pétition en faveur de José Bové, menacé de prison. Et quoi de plus curieux pour nous que la clause de conscience qui prévoit qu'un journaliste est autorisé à quitter son journal – avec ses indemnités – si la direction change de ligne politique, rédactionnelle, ou simplement de propriétaire.

Cela dit, il faut avouer que la tâche n'est pas facile pour les dirigeants de la presse française. Les gouvernants contrôlent de leur mieux l'info et considèrent tout ce qui pourrait les gêner comme un secret d'État. Il aura fallu six ans de procès pour que deux journalistes de l'*Express* qui avaient révélé que Charles Hernu, ancien ministre de la défense, avait autrefois travaillé pour les services de l'Est soient acquittés. Ceux du *Washington Post* n'ont pas été, eux, inquiétés quand ils ont écrit que les hommes du président Richard Nixon avaient cambriolé les bureaux de l'opposition et que Nixon avait ensuite tenté d'étouffer l'affaire. Avec les conséquences que l'on sait : le scandale du Watergate et la démission dans le déshonneur d'un président en fonction et de ses conseillers.

Une dernière remarque. Les médias en France sont plus paresseux que les lecteurs ou les téléspectateurs. Lors de catastrophiques inondations dans le Sud de la France, on apprend au journal télévisé que l'État va dépenser 130 millions d'euros sur quatre ans. Comment évaluer ce montant ? Est-ce beaucoup ou dérisoire par rapport aux dégâts ? Est-ce un geste symbolique destiné à calmer les esprits ? Aucune idée, car la télévision, négligeant son rôle, se contente de jouer les porte-parole. Oublié le journalisme.

Ou bien alors c'est *Le Monde*, qui ouvre sur une grande enquête consacrée à la fonction publique en France, sans même prendre la peine de rappeler combien le pays compte de fonctionnaires.

« Tous les lecteurs le savent », me répond un collègue du *Monde*, ajoutant qu'il y a toujours le *Quid* pour ce genre de banalité. Sans doute.

Voilà, tout est dit, ou presque. Fallait-il être aussi polémique, au risque de susciter l'ire des mes ex-confrères français qui ne détestent rien tant que cette manière horripilante qu'ont les journalistes américains de se prendre pour les « Incorruptibles » de la presse mondiale ? Mais après tout, comme on dit chez vous, « qui aime bien châtie bien ».

# IX

## Rien ne vaut un bon petit complot

Comme tout le monde, il m'arrive parfois, le soir, de surfer sur le net : C'est ainsi que j'ai découvert le site du «Réseau Voltaire». Depuis, j'y retourne régulièrement, juste pour me distraire car avec ces gens-là, on n'est jamais déçu. À chaque visite, ils m'apprennent une quantité de choses sur le monde politique français, ses rumeurs, ses intrigues, ses secrets d'alcôves – enfin tout ce que mon concierge m'a caché durant toutes ces années (et pourtant il est plutôt bien informé).

Un exemple de perle que je ne résiste pas au plaisir de reproduire : *«Dans l'affaire "Joséphine", relative au versement de 11,35 millions de dollars de commissions occultes sur des ventes d'armes à l'Arabie Saoudite, Anne Pingeot a été mise en cause dans une note remise par Jean-François Hénin au juge Jean-Pierre Zanoto, au nom d'Hector de Galard, subitement décédé. Ce document présente Madame Pingeot comme le répartiteur des commissions, lors d'une réunion secrète censée se tenir à Gordes, dans la propriété du beau-père d'Alain Minc. Dans une interview, publiée par* France-Soir *postérieurement à nos révélations, Bernard Pichon, ancien conseiller de François Durand de Grossouvre (le parrain de Mazarine), décrit l'opération Joséphine en en imputant la responsabilité à Jacques Delors et sans citer Anne Pingeot. »*

Pingeot, Mazarine, Minc, Delors ? Non, mais c'est trop ! Je rêve. À croire que je n'ai rien compris à la façon dont fonctionne ce pays. Ahuri, j'imprime le texte pour le montrer à Jean-Paul, un ami qui se flatte d'être à l'écoute de tout ce qui bouge en France. Il pourra peut-être m'éclairer.

Jean-Paul jette un œil sur mon papier et me toise comme le ferait un professeur de mathématiques avec son élève le moins doué.

« Mais cette histoire, tout le monde la connaît. »

Ah, bon ? Tout le monde ? J'ai soudain l'impression qu'ici on parle un langage codé et qu'il faut être français pour en posséder la clé.

Grâce au ciel, je réalise un peu plus tard que les investigateurs à la mode française du Réseau Voltaire sont des paranoïaques, des maniaques du soupçon qui décèlent un complot derrière l'événement le plus banal. Relatant ainsi la mort de Paul Wellstone, l'un des rares sénateurs américains de gauche (gauche made in États-Unis bien sûr), le site explique : « Selon le ministère des transports, le crash de l'avion du sénateur serait accidentel. » Magnifique ce « serait » qui laisse penser qu'il n'en est rien. Et, pour donner du poids à sa thèse, le Réseau élève Wellstone au rang de « leader de l'opposition ».

Mais le pire c'est que ce goût des complots, réels ou imaginaires, est fort répandu en France. Après quelques saisons passées dans ce pays, tout étranger comprend, à la vue des « une » des magazines que les Français ne s'intéressent qu'à deux choses : l'immobilier, comme tout le monde, et, plus surprenant, les francs-maçons, qui contrôleraient tout, sauf la cueillette des champignons. Et encore...

Résultat : l'événement le plus banal est systématiquement soumis au test des « motivations occultes ». En sortant d'un dîner, je trouve sur mon pare-brise un PV pour stationnement sur le trottoir (que je ne conteste nullement). « Tu sais pour-

quoi on met des contraventions aussi la nuit, n'est-ce pas ? »,
me demande le même Jean-Paul. « Parce qu'ils veulent remplir les parkings, histoire de faire plaisir aux actionnaires. »

Chercher le complot est un sport national dans les pays
arriérés des Balkans, de l'Asie centrale et... En France. Pour
expliquer une actualité parfois complexe, ou bizarre, rien ne
vaut une explication un peu pimentée, qui se transmettra
de bouche à oreille puisque la presse (bourgeoise par défini-
tion), tout le monde le sait, se cantonne aux déclarations officielles, sans se donner la peine d'enquêter.

L'avantage de la *conspiracy theory*, ou théorie du complot,
c'est justement qu'elle est invérifiable. Il suffit qu'elle soit
vraisemblable pour tous ceux qui veulent y croire.

Nombre de Français sont ainsi convaincus que Lee Harvey
Oswald était à la solde de la CIA quand il a assassiné le président Kennedy ; que les astronautes foulant le sol lunaire,
c'était une mise en scène de Washington. Si Émile Louis
a kidnappé les disparues de l'Yonne, c'était pour assouvir les
fantasmes sexuels de la grande bourgeoisie régionale. La
mort de Robert Boulin ? Pour des raisons d'ordre politique,
elle a été camouflée en suicide. Sans oublier le pauvre Pierre
Bérégovoy, ou l'infortuné François de Grossouvre.

Oui, vous l'avez deviné. Les conspirations peuvent être
polyvalentes, à caractère régional, national ou international
(et dans ce cas on retrouve forcément la main de la CIA). Un
bon usage de la théorie du complot est d'ailleurs fort utile en
société. Elle permet de traiter les sceptiques de « naïfs », de
clore le bec aux grandes gueules, par exemple un beau-frère
qui se vante un peu trop de sa carrière à la Poste. Quelle joie
de lui couper la parole quand il invoque « le suicide de Richard
Durn », l'auteur du massacre de Nanterre :

« Mon pauvre vieux ! Et je suppose que tu vas me dire
que Stavisky aussi s'est vraiment suicidé. Mais qui peut
croire que Durn, gardé dans une petite pièce par deux agents,
a réussi à se hisser jusqu'à un vélux pour ensuite sauter
dans le vide ? Il y a quelque chose derrière cette histoire. On

voulait l'empêcher de révéler le nom des commanditaires de la tuerie. »

Confronté à une telle offensive, même le plus rationaliste de vos interlocuteurs est réduit au silence.

Pas mal de Français, j'en suis convaincu, prennent un véritable plaisir à ce flou, à ce théâtre permanent où des figurants comme Jean-Claude Méry et François Santoni ne meurent jamais vraiment, tant qu'ils fournissent un prétexte aux scénarios les plus inventifs. C'est un monde où de fausses plaques commémoratives peuvent surgir inopinément sur la façade des immeubles parisiens et donner lieu à toutes les spéculations. Où les «une» des hebdos nous annoncent les «vrais» salaires des Français, comme si même les salaires (bon, O.K., surtout les salaires) faisaient l'objet d'une vaste machination.

Face aux critiques, un Français crie instinctivement au «Complot!». Pour se défendre, Roland Dumas accuse «le lobby militaro-industriel» et la CIA d'avoir cherché à le «déstabiliser». Lorsque deux journalistes publient une enquête féroce contre *Le Monde*, ses dirigeants dénoncent immédiatement «une campagne» contre leur journal.

Le Français tient à ces mystères qui donnent à sa vie un peu de piquant et de fantaisie, à la manière des enfants tenus en haleine par les contes de fées. Les élucider serait rendre le monde un peu plus ennuyeux.

Au cours de mes reportages dans les Balkans, j'ai réalisé que toutes ces affabulations en disaient plus long sur leurs auteurs que sur les événements qu'elles étaient censées expliquer. Les Macédoniens voient partout des machinations fomentées par les Grecs. Pour les Grecs, ce sont les Turcs qui orchestrent des complots; les Serbes accusent les Croates, les Albanais les Serbes, et ainsi de suite. Et pour les Français, quel est l'ennemi caché à votre avis?

Ceci nous amène tout naturellement au livre-choc de Thierry Meyssan qui affirme dans *L'Effroyable imposture* que les Américains sont à l'origine des attentats du 11 septembre et qu'aucun Boeing n'a jamais percuté le Pentagone. Il y a des fous partout me rétorquerez-vous. Oui, mais en France ils vendent leurs livres par dizaines de milliers et Meyssan, notons-le au passage, n'est autre que le président du Réseau Voltaire. De nombreux Français, toutes tendances politiques confondues, et la quasi-totalité de la presse se sont empressés de condamner l'auteur de cette manipulation, sans doute la plus énorme et la plus ahurissante de la décennie, expliquant que Meyssan discrédite ainsi inconsidérément toutes les tentatives passées, présentes et futures, d'aller au-delà des vérités officielles. Mais ces protestations n'ont servi qu'à gonfler les ventes du livre au niveau d'un Prix Goncourt.

Quand on sait que Meyssan a concocté son livre uniquement grâce à l'Internet, sans mettre les pieds aux États-Unis, on est saisi de vertige. Mais, peu importe, son délire s'est avéré un excellent produit marketing, parfaitement adapté à son marché : une France méfiante (souvent à juste titre) de l'Amérique.

# ÉCONOMIE

# X

## Mondialisation : aux armes les frileux

Voilà que la République française, qui a toujours une guerre de retard, hésite à se lancer dans un nouveau conflit. Aux armes citoyens ! Point n'est besoin de canons, cette fois, on se bat à coup de carnets de commandes, les champs de bataille s'appellent des foires industrielles et l'ennemi a pour nom « la mondialisation ».

Et le fantassin français, que fait-il, au lieu d'engager le combat ? Il conteste, crie à la trahison, veut revenir au bon vieux marché intérieur de papa, réduit à 35 heures le temps de travail, « crée » des emplois, réclame la taxe Tobin, mythifie les Trente Glorieuses et « démonte » un McDo symbolique (dans un pays qui en compte presque mille).

Cette France frileuse et un peu pleurnicharde a trouvé sa bible dans un petit hymne protectionniste, *L'Horreur économique* de Viviane Forrester. Après une lecture attentive de ce livre d'une grande non-spécialiste, la conclusion s'impose : le vaillant ouvrier français condamné à être viré tous azimuts, c'est Madame Bovary, les capitalistes américains et leurs pantins du MEDEF, le pharmacien Homais, et l'auteur, Madame Forrester, c'est Flaubert. En mieux, bien sûr.

79

Bravo ! Grâce à cette attitude défaitiste, le résultat de la nouvelle guerre économique mondiale ne se fera pas long-temps attendre.

Mais tout d'abord pourquoi la mondialisation a-t-elle si mauvaise presse dans une France pourtant friande de tout ce qui vient de l'étranger ? Pourquoi le Français moyen, habi-tuellement pacifique, part-il en guerre contre un phénomène qui, au final, enrichit son pays ? Que les marchés ouverts créent des richesses, les communistes de Pékin l'ont compris il y a belle lurette, mais apparemment pas les caciques de la gauche française.

Permettez à un Américain, originaire de Columbus dans l'Ohio, d'avancer une hypothèse.

La France se croit toujours le centre de l'univers. Autre-fois, je veux dire à la belle époque d'avant la mondialisation, à l'école communale, les petits Français avaient devant les yeux une immense carte de France, qui semblait dominer la classe avec ses longs fleuves tout bleus, si bien tracés. Par-fois, on exhibait une deuxième carte, beaucoup plus petite, appelée « Le monde », mais personne n'y prêtait vraiment attention. Tous comprenaient que le reste du globe était des-tiné à recevoir le rayonnement de la France, voire à fournir des lieux de vacances un peu moins pluvieux.

Avec la mondialisation, hélas, tout a changé. Cette vision nombriliste a été chamboulée. Éditorialistes, économistes et autres individus mal élevés se sont mis à parler de la France comme d'un pays parmi tant d'autres. Un pays qui ne repré-sente qu'un infime pourcentage de l'économie de la planète. Pire, on apprenait que l'économie française ne pesait pas plus que celle d'un *seul* État américain, la Californie, pour-tant plus réputée pour sa consommation de marijuana et de cocaïne que pour ses performances industrielles. Vous avez bien lu : la France et la Californie sont ex-aequo économi-quement. Autrement dit, un état américain de 34 millions d'habitants (mais sans Loi Aubry ni CGT) produit autant de richesses que l'Hexagone avec ses 60 millions de Français... Désespérant, non ?

Alors, en réaction sans doute, les médias français ont adopté le mot « mondialisation » pour éviter l'anglais *globalization*, trop connoté à leurs yeux. Du coup, on imagine le cher pays submergé par les produits et les coutumes d'étrangers, de barbares qui ne mangent même pas de tête de veau. (Plat, qui de mon point de vue reste difficilement exportable.)

Mais, pourquoi le monde extérieur vous effraie-t-il tellement ? En fait, il ne s'agit pas de peur : le Français ne craint pas de se hasarder dans tous les recoins du globe... À condition d'avoir un billet de retour dans sa poche. On peut le comprendre, on vit si bien dans cette France à la géographie variée, au climat plutôt tempéré, aux habitants si charmants. Si bien d'ailleurs, qu'au cours de l'Histoire, les Français ont peu émigré. Aux États-Unis, on a connu des vagues d'immigration anglaise, irlandaise, allemande, italienne, asiatique et maintenant hispanique, mais pratiquement pas de Français. Ils préfèrent rester chez eux à perfectionner l'art de l'exception.

Pour mieux vous faire avaler la pilule de la mondialisation, il aurait fallu trouver une expression plus adaptée. Et pourquoi pas « francisation », puisque la compétitivité française consiste parfois à obliger les autres à adopter les mêmes pratiques qu'en France : les barrages filtrants, la CSG et le déjeuner d'affaires d'un minimum de trois heures et demi. Une stratégie habilement baptisée « Europe sociale ». Alors, vous réclamez de vos partenaires qu'ils diminuent eux aussi la durée du travail, instaurent une taxe professionnelle et autorisent les syndicats dans le secteur public. À croire qu'à peine débarrassés du fardeau des colonies, les Français ont compris qu'ils devraient à nouveau, mondialisation oblige, apprendre au reste du monde à travailler correctement. Toujours cette mission civilisatrice...

Oui, je sais, j'exagère un peu, car la France se bat comme un véritable tigre dans la jungle de la mondialisation – à l'extérieur de ses frontières. Ses ingénieurs sont parmi les meilleurs au monde ; ses entreprises naturellement mobilisées vers l'exportation ; ses VRP, anglophones à l'occasion, sont de redoutables battants.

Je crois qu'en fait les Français voudraient une mondialisation à sens unique. La preuve : à l'étranger, les grosses sociétés françaises n'hésitent pas à user de méthodes qu'on qualifie ici d'« américaines ». L'État décourage les licenciements, mais seulement ceux concernant les Français. Renault n'a-t-il pas lâché au Japon un pit-bull nommé Carlos Ghosn qui a viré en moins de deux quelque 21 000 bons et loyaux ouvriers nippons de chez Nissan, société contrôlée par la Régie. Et ceci dans un pays où la tradition veut qu'on dégraisse par des départs volontaires ou à la retraite. Grâce aux « mondialisateurs » français, fini l'emploi à vie cher au modèle japonais. Et cela en « vertu » d'une décision prise à Paris que l'État-actionnaire aurait pu bloquer.

Les médias français, embarrassés, ne se sont d'ailleurs pas attardés sur le carnage opéré chez Nissan. *Challenges* a consacré deux lignes à l'événement, pas plus. *Le Nouvel Observateur*, généralement prompt à se scandaliser à la moindre réduction d'effectifs, s'est contenté de remarquer que la Régie « n'avait guère le choix » car Nissan était « sclérosé et bureaucratique ». On aurait pu ajouter que les victimes n'étaient pas françaises.

À la même période, un grand magasin anglais, Marks & Spencer, décidait de fermer ses magasins parisiens, en promettant de chercher un repreneur pour leurs 1 500 employés – soit moins de 10 % des licenciements de Renault au Japon. Les dirigeants de l'entreprise furent critiqués, vilipendés, tout juste s'ils ne furent pas guillotinés. Le tollé généré en France par le comportement qualifié d'inacceptable d'un employeur étranger a duré plus d'un an, mais en fin de compte, Marks & Spencer, a bien trouvé un repreneur pour ses employés, les Galeries Lafayette.

Qu'un employeur français, Danone ou Michelin, dégraisse, c'est déjà dur. Mais au moins c'est une affaire de famille. Qu'un étranger licencie, et cela devient un outrage à la fierté nationale. Si les dirigeants de l'usine Toyota de Valenciennes envisagent un jour une petite restructuration, ils ont intérêt à commencer par rapatrier leurs familles.

À vrai dire, on sent que l'anti-mondialisme ne colle pas bien avec la mentalité française. Il ressort plutôt du socialement correct, d'une façon de s'affirmer de gauche. Et puis, il y a toujours quelque part en chaque Gaulois la volonté de montrer qu'il peut faire aussi bien, sinon mieux, que le reste du monde. Et, pour cela, il faut affronter ses concurrents. Lorsque des statistiques placent l'Hexagone parmi les pays moyennement compétitifs, le Français râle comme si l'honneur national était offensé. « La France qui gagne », ce n'est qu'une référence de foot. Et encore...

Du côté des intellectuels et de la classe politique, le problème est différent : ils peuvent vilipender la mondialisation, parce qu'ils opèrent dans un contexte qui est 100 % domestique, où la concurrence n'existe pas vraiment. Pour vivre, contrairement à d'autres, ils n'ont pas besoin des marchés étrangers.

Reste, bien sûr, le vieux préjugé à l'égard du commerce. Aux yeux des Français, les sociétés du secteur privé sont, soit des œuvres charitables dont la tâche principale est de fournir des emplois à une main d'œuvre peu qualifiée, soit des vaches à lait, tout juste bonnes à remplir les caisses de l'État. Elles sont aussi des producteurs de biens et de services qui peuvent faire des bénéfices pour survivre, mais accessoirement seulement.

Je reconnais qu'il existe des Français qui luttent dans l'Hexagone pour s'adapter aux marchés extérieurs. Des vignerons copient leurs concurrents étrangers en fabriquant des vins fruités et veloutés, d'une qualité constante. Les aviculteurs bretons se battent pour rester compétitifs face aux produits moins chers venus du Brésil. Dans le domaine de l'eau potable, Ondeo (Suez) et Vivendi Water se lancent à l'assaut du marché mondial. On pourrait citer d'autres exemples.

La France garde néanmoins ses réflexes jacobins et la paranoïa qui va de pair. Et c'est là que l'on retrouve votre cher antiaméricanisme. Il traduit en fait le malaise que ressentent beaucoup de Français en voyant les traditions de leur vieux pays menacées par l'avènement de la société postindustrielle made in USA. Avant la mondialisation, les grands champions du capitalisme à la française bénéficiaient d'un régime de faveur. Leurs entreprises accusaient de lourds déficits ? Le contribuable mettait la main à la poche pour éviter des licenciements. Cela coûtait cher à la collectivité, mais bon... Le rêve des nostalgiques, comme Madame Forrester, ne serait-il pas de revenir à ce système. Et pourquoi pas ressusciter le poinçonneur des Lilas ?

Ce vague sentiment « anti-reste-du-monde » n'est pas passé inaperçu. L'écologie avait déjà permis à quelques gauchistes vieillissants de se recycler chez les Verts, d'autres ont vu dans l'anti-mondialisation une belle occasion de faire une percée politique. Ils ont donc créé l'association Attac (sur une initiative du *Monde Diplomatique*).

Vouée à l'« Attac » contre « la dictature des marchés », l'association a commencé par s'inquiéter du sort des pauvres du Tiers-Monde. Il y a effectivement du souci à se faire pour les plus démunis, les économistes restant divisés sur la question de savoir à qui profite la mondialisation : aux pays en développement, aux pays riches ou aux deux. Mais les fondateurs d'Attac, obsédés par le chic anti-libéral, ont progressivement lâché ce thème peu séduisant pour le public français, (le Tiers-monde, ça lasse vite l'électeur) adoptant un programme qui ressemble à celui de n'importe quel parti de gauche, relevé d'un brin d'anti-mondialisation.

Et si les anti-mondialistes étaient en fin de compte des nationalistes qui s'ignorent ? On peut le penser quand on voit que les économistes sont unanimes à le constater : les subventions accordées aux agriculteurs des pays riches, dans l'ordre, l'Europe, l'Amérique du Nord, et le Japon, appauvrissent considérablement les paysans des pays pauvres. Non seulement la Politique Agricole Commune (PAC) avec ses 40 milliards d'euros par an – dont les fermiers français sont de loin les premiers bénéficiaires – empêche les produits agricoles des pays pauvres d'être compétitifs, mais, plus grave, elle permet le dumping (l'exportation à bas prix) des denrées excédentaires européennes dans ces mêmes contrées. Le phénomène aurait-il échappé aux partisans de l'anti-mondialisation ? Sans doute puisque dans le programme d'Attac ne figure aucun appel en faveur de la réduction, même graduelle, de ces aides à l'agriculture française.

Nationalistes ? Vous avez dit nationalistes ? Rien de nouveau sous le beau soleil de France. Dans un film commandé après-guerre par le PCF, on voit le café du coin avec ses fidèles clients. Un homme entre et retire de sa sacoche une bouteille de Coca Cola. « Désormais, annonce-t-il, voilà ce qu'on va boire. » Le cafetier le met à la porte, proclamant que les Français continueront à se régaler du jus de la treille. Pourtant l'intrus à la bouteille n'avait pas tort : 50 ans plus tard, la France boit de moins en moins de vin et de plus en plus de Coca, de bière Tsing-Tao et de jus d'orange de Floride. Et consomme plus de whisky que les Britanniques !

Mais le plus dur à accepter pour les Français ce sont les changements visibles imposés par le nouveau cours des choses. À l'angle de la rue Soufflot et du boulevard Saint-Michel, il y avait dans le temps un vieux café dont je ne me rappelle pas le nom. Le petit noir qu'on y buvait était médiocre. Les serveurs, indifférents. Les toilettes sales rivalisaient avec celles de troisième classe des ferryboats grecs. Le sol servait de cimetière à des centaines de mégots, qu'un employé nettoyait – occasionnellement – avec un balai déplumé. Au fil des ans, je remarquais que les clients ne restaient pas longtemps, juste le temps d'une averse. Bref, l'endroit ne méritait pas de survivre et comme beaucoup au Quartier Latin, il a fini par disparaître.

Rien d'exceptionnel me direz-vous. Des cafés ont fermé par milliers à travers toute la France. Difficilement rentables, ils appartiennent désormais au passé. Mon troquet a été immédiatement remplacé par un McDo flambant neuf, avec ses rouge et jaune criards. Les visiteurs qui sortent du Jardin du Luxembourg peuvent ainsi contempler en face d'eux le résultat le plus tangible de la mondialisation, comme un drapeau américain planté au cœur du quartier.

Quant à moi, je donnerais n'importe quoi pour prendre encore une fois un express – médiocre – dans mon vieux café aujourd'hui disparu.

# XI

## En France, l'argent a une odeur

Personne ne le dit mais tout le monde le sait, en France, parler d'argent est de la dernière vulgarité. L'argent est sale, en théorie du moins. Tout étranger désireux de se conformer aux mœurs françaises se doit donc d'éviter un sujet aussi trivial. Pardonnez-moi si j'ai en tête une image un peu stéréotypée, mais, à mes yeux, le Français du XXIe siècle se comporte à l'égard des questions financières comme l'Anglais de l'époque victorienne le faisait en matière de sexe : en affichant une répugnance qui dissimule ce que je suspecte être une obsession. Curieusement, il est bien vu d'avoir de l'argent mais il est indigne, voire honteux d'en parler, et surtout de l'étaler. Encore plus curieux, le statut de fils à papa est plus respectable que celui de nouveau riche. Avouez que cela peut sembler paradoxal au pays de l'égalitarisme. Pas de doute, quand il s'agit d'argent, la France a besoin de consulter un psy.

Certes, avec l'arrivée de la société de consommation, les comportements ont un peu changé. Des écrivains français vont même, chiffres à l'appui, jusqu'à étaler le montant de leurs droits d'auteurs dans la presse. Mais, quand Emmanuel

87

Chain, l'animateur de l'émission « Capital » sur M6, interroge ses invités sur leur salaire, la majorité d'entre eux répond néanmoins à contre-cœur et l'air pincé.

Pas de doute, l'époque où les Français seront capables de parler d'argent avec la simplicité d'un Américain est encore loin. Ainsi, je connais deux Parisiens, Roger et Viviane, qui enseignent dans un même établissement public. Ils décident, un jour, de partir ensemble en vacances dans le sud de l'Espagne – en tout bien tout honneur. Viviane étant débordée par son travail, Roger propose d'acheter les billets. Avant de régler, il prend soin de lui communiquer le prix du voyage. La semaine se passe agréablement mais Viviane ne parle jamais de le rembourser. Dans le taxi du retour, Roger un peu gêné, se résout à aborder la question. « Tu peux me donner un chèque quand ça t'arrange », bafouille-t-il.

Explosion de Viviane : « Tu craignais peut-être que je te fasse payer. C'est pas mon genre, tu sais ! Attends-moi un instant. » Et de monter chez elle faire le chèque qu'elle lui expédie à la figure. « Soulagé ? » lance-t-elle. Le lendemain, au lycée, tous les collègues de Roger sont au courant de sa muflerie. Inutile de préciser que leur amitié n'a pas survécu à l'incident.

Le malaise de vos compatriotes face aux chiffres n'épargne personne. L'une de mes amies, ex-journaliste au *Monde*, dynamique, curieuse et polyglotte, s'inquiétait à l'idée de solliciter les services d'un avocat, craignant que le coût de la consultation ne soit trop élevé. Et pourtant elle n'osait pas lui demander le montant de ses honoraires, même par téléphone. « D'ailleurs même si je voulais, ça ne sortirait pas », m'expliqua-t-elle.

Je me portai donc volontaire pour poser la question fatidique. J'imaginais que cela ne pouvait pas être plus cher qu'à New York où le prix moyen d'une heure d'entretien tourne autour de 300 euros.

Eh bien, non ! Mon amie avait raison. L'avocat, par ailleurs fort courtois, était aussi incapable de donner un tarif qu'elle l'était de le demander. «C'est un détail, ne vous inquiétez pas, cela n'ira pas chercher bien loin», fut le maximum que je pus en tirer. Rien d'étonnant à cela dans un pays où le comble de l'élégance au restaurant est de présenter la carte affichant les prix uniquement à la personne qui invite. L'homme, bien entendu. Courtois, peut être mais quand même un peu machiste.

En famille aussi, ou peut-être devrait-on dire *surtout* en famille, l'argent est une question délicate. Une de mes copines a dû supplier sa mère pour obtenir le ticket de caisse de son cadeau d'anniversaire (un pull-over) qu'elle voulait changer. La chère maman ne supportait pas l'idée que sa fille sache combien elle l'avait payé. Comme si la profondeur de son attachement pouvait se mesurer au montant du présent.

Cette hantise congénitale joue sûrement en faveur des commerçants. C'est ainsi que les bijoutiers français ont gagné des fortunes, grâce au dicton toujours en vogue «quand on aime, on ne compte pas».

Chez nous, au contraire on ne voit pas de problème à préciser le montant payé pour un objet d'art ou une Porsche des années 1950. Soit par fierté d'en avoir les moyens, soit par satisfaction d'avoir bien négocié le prix. Mais aussi parce que dans notre société sans passé, l'argent sert souvent d'unique critère de valeur. Et puis, nous, on a moins peur du fisc : l'ISF n'existe pas et nous n'avons jamais été obligés de supprimer des fenêtres pour payer moins d'impôts.

Vulgaire, dites-vous, de parler argent ? Peut-être, répondrait un résident de Columbus dans l'Ohio en haussant les épaules. Et alors ? D'ailleurs, l'Amérique n'est pas une exception. Prenez les pays du Levant ou du Moyen-Orient, ces sociétés plus anciennes que la vôtre discutent volontiers argent et, loin de s'en cacher, elles ont élevé le marchandage au rang d'un art.

Mais n'allez tout de même pas croire qu'il est du dernier chic aux États-Unis d'étaler une grosse liasse de billets verts – même si c'est parfois efficace vis-à-vis de ce que vous appelez le «petit personnel». Dans l'élégante et discrète France (dont les billets étaient avant l'avènement du triste euro si beaux qu'il était dommage de les cacher), ce genre de comportement est évidemment inconcevable. Voire imprudent. Tous les écoliers connaissent l'histoire du surintendant Fouquet qui, après avoir fait étalage de ses richesses lors d'une réception en l'honneur de Louis XIV dans son château de Vaux-le-Vicomte, s'est retrouvé en prison. Depuis, le roi a été remplacé par l'inspecteur des impôts.

Mais comment font-ils ces Français ? Il y a un mystère. Chaque fois qu'ils ouvrent leur portefeuille pour régler en espèces, on dirait, à voir leur mine douloureuse, qu'ils en retirent leur dernier billet.

La scène se passe lors d'une réunion de parents d'élèves à l'École Alsacienne, bastion de la haute bourgeoisie parisienne où mon fils allait en classe. Le professeur de physique de terminale annonce un voyage d'études à Genève pour visiter le plus grand accélérateur de particules d'Europe. Les enfants dormiront le vendredi dans une auberge de jeunesse et reviendront le samedi à Paris. Du fond de la salle, une femme lève la main :

« Est-il indispensable que les enfants restent le soir à Genève ? », demande-t-elle.

En bon puritain américain j'ai immédiatement pensé que trente adolescents des deux sexes passant la nuit en dehors de chez eux risquent en effet de s'adonner à des distractions que la morale réprouve.

Et bien pas du tout. Dans l'esprit de la dame, il n'est point question de morale mais de gros sous. Si les élèves rentraient à Paris le jour même, le prix du voyage (225 euros) en serait réduit d'autant. Elle doit appartenir à cette catégorie de Français qui font en douce leur course chez Carrefour et défendent becs et ongles le commerce de proximité.

Le professeur de physique, nullement désarçonnée, répond que le coût du déplacement est calculé au plus serré. Les enfants mangeront au McDo et les parents qui ont des difficultés financières (à l'École Alsacienne ?) peuvent demander une aide au directeur. Fin de la discussion à l'avantage de l'organisatrice du voyage.

Que des gens, supposés « bien élevés », prêts à payer 3 000 euros par an de frais de scolarité pour que leurs rejetons étudient dans une des écoles privées les plus snobs de Paris, soient soudain si attachés à mégoter sur le prix d'un voyage d'études me laisse sans voix.

Quoiqu'il en soit, pour vous l'argent est toujours un problème. Si les Bleus ont perdu la Coupe du monde, c'est bien sûr parce qu'ils ont été pourris par l'argent. Prudents, les hommes politiques français évitent d'ailleurs soigneusement de faire état d'une fortune trop importante. Le prix du château de Chirac ? À peine celui d'un deux-pièces parisien, selon son propriétaire. Les experts l'estiment aux alentours de 700 000 euros. Le patrimoine de Lionel Jospin ? Bien maigrelet, ni actions en bourse (ouf !) ni objets d'art. Quant à Arlette Laguiller, elle ne possède qu'un livret de Caisse d'épargne ou reposent 2 750 euros. Plus bas sur l'échelle des richesses, il ne reste que Saint François d'Assise.

Toutes ces contorsions dans l'espoir d'avoir l'air moins riche que ses concurrents. Pour les Américains, fidèles à leurs origines protestantes, la fortune n'est pas obligatoirement une tare. Les fervents de la Bible y voient même un signe de la faveur divine. Roosevelt, Kennedy et les deux Bush étaient issus de familles plutôt aisées de la Côte Est. Ces dernières années, on a d'ailleurs assisté lors des élections au Congrès à une nette prolifération des candidats richissimes. Une tendance qui inquiète cependant bon nombre d'Américains.

En délicatesse avec l'argent, les Français sont pourtant parfaitement conscients de son pouvoir dans tous les domaines : le mariage (relisez Balzac si vous avez des doutes), les enfants (voilà peut-être pourquoi les Françaises n'ont en moyenne que 1,65 enfants) et, naturellement, le divorce. Sans oublier l'amour. Ceux qui pensent que les Gaulois ne se marient que par amour feraient bien de se souvenir d'une institution dont les sociétés anglo-saxonnes prétendument obsédées par l'argent n'oseraient même pas rêver : le contrat de mariage. Chez nous, seules les vedettes de Hollywood et autres privilégiés cousus d'or y ont droit.

Gagner de l'argent ne doit jamais constituer un but en soi. Je n'ai jamais entendu un jeune Français dire que son ambition était de devenir millionnaire et de vivre comme un roi – un souhait lambda aux États-Unis. Vu de France, c'est un peu court comme ambition. Vu d'Amérique, à tort ou à raison, être riche est souvent assimilé à l'épanouissement de l'individu, voire à sa liberté. Par chance, l'État français, qui impose le plus haut niveau d'imposition des grands pays industrialisés, veille. Gare aux patrimoines colossaux.

L'économie française a la prétention d'être fondée sur de grands principes, des idéaux, même si ceux-ci sont parfois flous, purement théoriques ou carrément hypocrites. L'économie américaine, plus pragmatique, repose ouvertement sur l'intérêt, l'avidité diraient certains. Naïvement, nous croyons, comme l'économiste écossais du XVIIIe siècle Adam Smith, que la plupart des individus travaillent pour être payés. « Si le public trouve du pain chez le boulanger tous les jours », disait-il « cela n'est nullement dû à la bonté de celui-ci. C'est parce qu'il est intéressé ».

« Ah, non ! Il y a tout de même beaucoup de boulangers qui prennent un grand plaisir à faire du bon pain, pas du pain industriel comme aux États-Unis », me rétorque régulièrement une amie parisienne qui trouve l'analyse de Smith bien triviale. À l'en croire, le gain fait certes partie de la motivation de notre boulanger, mais, c'est à travers la qualité de son pain qu'il se réalise vraiment. C'est peut-être exact dans le cas de certains artisans – à vrai dire de moins en moins nombreux – mais, dans la France d'aujourd'hui, quelle autre motivation que la fiche de paie peut trouver un employé de bureau ?

Avec un tel fossé culturel entre la France et les États-Unis, les divergences n'ont rien de surprenant. En témoigne la mésaventure survenue à Andy, un ami américain qui travaille dans la succursale londonienne d'une grande banque de New York et gagne *très* bien sa vie. En bon self-made-man, il est fier d'avoir atteint les sommets de sa profession : issu d'une famille aux moyens modestes, il s'est simplement appliqué à bosser plus dur que les autres. À Londres, Andy rencontre une Française, Christiane. Un soir, il mentionne son salaire pensant l'impressionner. Raté : « Elle m'a traité de voleur. Voleur ! » Il n'en est toujours pas revenu, habitué aux Américaines, plutôt ravies d'apprendre que le salaire de leur prétendant flirte avec les cinq zéros.

Mais pour sa conquête française, un homme qui touche un énorme salaire est un horrible profiteur qui s'engraisse aux dépens de ses collègues moins chanceux. À la longue, Andy renonça à ce type de discussion pour ne pas déstabiliser leur couple. Aujourd'hui, ils vivent ensemble à New York dans un appartement confortable. Grâce à son salaire de « voleur », bien entendu.

Je finis par croire que gagner beaucoup d'argent en France, c'est honteux ! Comme si vous viviez encore sous l'occupation allemande où seul le marché noir permettait de s'enrichir. Ce devoir de non-richesse des plus janséniste reste manifestement la règle. Au point que bien des gens préfèrent énoncer leur salaire en net plutôt qu'en brut, par « discrétion », et surtout, pour ne pas faire d'envieux. Il y a une dizaine d'années, les Français étaient ainsi scandalisés d'apprendre que Pierre Suard, alors PDG d'Alcatel, gagnait 150 000 euros par mois. Par contre, le fait qu'un Depardieu touche 750 000 euros par film ou un Zidane 6 millions d'euros par an ne choque personne – il est vrai que ce ne sont pas des patrons.

Le grand malentendu entre Français et Américains tient en un mot, auquel vous attachez une signification politique : spéculation. Pour des raisons jamais très explicites, sans citer ni Jésus, ni la Bible, gagner de l'argent avec de l'argent est ici *immoral*. Enfin, gagner beaucoup d'argent. Le petit épargnant avec son PEL ou son Livret A n'est pas visé, lui, c'est un Français modeste qui prépare l'avenir de ses enfants.

L'ennemi public, ce sont les multinationales ou les gros investisseurs, toujours caricaturés Havane au bec. Ils n'ont qu'un seul but, faire du profit, ils sont donc condamnables. *Le Nouvel Observateur*, avec une ferveur toute socialisante, fustige régulièrement la «pathologie spéculative du capitalisme mondialisé». La gauche communiste (et même non-communiste) voit dans le sentiment anti-richesse son principal atout pour lutter contre le grand capital. Vers la fin des années 1990, des députés socialistes sont allés jusqu'à proposer d'imposer à 100 %, (autrement dit de confisquer) tout salaire supérieur à 40 000 francs par mois. L'idée n'a pas été retenue. Simple coïncidence, le salaire des députés n'aurait pas été amputé : il ne dépassait pas, à l'époque, les 40 000 francs fatidiques.

«Une action passe d'une main à une autre et ne crée pas d'emplois, elle représente donc un investissement stérile», me lance un jour l'un de mes partenaires de tennis devant lequel je m'étais naïvement lancé dans un éloge de la Bourse. En véritable «homme de gauche», il tenait à son dogme : l'argent est sale, et la Bourse symbolise le fric dans ce qu'il a de pire. Décidément innocent, je lui fais remarquer qu'on pourrait appliquer son raisonnement à la vente d'un bien immobilier.

«Oui, mais un logement, on peut vivre dedans, ça sert à quelque chose», réplique-t-il.

Je lui rétorque que «si la Bourse n'existait pas où trouverait-on de l'argent pour créer des entreprises, quand l'on n'est pas déjà un supercapitaliste ?».

La question reste sans réponse et nous reprenons notre partie, chacun sur ses positions.

Dans le même registre, une traductrice avec qui je dînais, m'explique que si un investisseur fait une plus-value à la Bourse un autre, inévitablement, réalise une moins-value. Ainsi le capitalisme enrichit les uns et ruine les autres. Il faut préciser que mon interlocutrice avait, pendant les années

1990, placé un petit héritage en actions, et qu'elle s'était retrouvée six mois plus tard avec une perte nette de 15 %. De quoi renforcer sa conviction qu'il y a une fatalité du capitalisme, qui veut que les gros bouffent toujours les petits.

J'ai compris que ce n'était pas la peine de lui parler des rendements à long terme de la Bourse, comparés à ceux des obligations. Avec les Bourses du monde entier en chute libre depuis deux ans, j'ai préféré commander le dessert.

Et puis, après les scandales Enron, WorldCom etc. aux États-Unis où de nombreux PDG, assistés de leurs responsables financiers, manipulaient allégrement les cours, je peux comprendre que bien des libéraux, en France comme outre-Atlantique, aient été un peu ébranlés.

Depuis la dégringolade de ses actions, ma convive a choisi la sérénité de l'épargne bancaire, même si ce genre de compte, avec ses 2 ou 3 % d'intérêts, équivaut à un hold-up permanent sur son argent. Car avec ses économies, il y a bien sûr un *trader* professionnel qui réalise, bon an mal an, un gain de 8 %, mais pour sa banque. C'est ainsi que les étrangers détiennent approximativement 40 % des actions de la Bourse de Paris. Apparemment, on a plus confiance dans l'industrie française à New York ou à Londres que sur les rives de la Seine.

Cela dit, je peux comprendre que pour le Français moyen, l'argent demeure un sujet déplaisant et que cette répugnance s'étende à l'argent public. Car, chez vous, le consommateur trop confiant devient vite un contribuable passif, obligé par exemple de payer les pots cassés du Crédit Lyonnais ou le déficit chronique de la Sécurité Sociale. Cela recommence tous les ans et pourtant, plus le chiffre est énorme, plus le public s'applique à l'ignorer, malgré les « une » catastrophistes des journaux. Une aubaine pour les politiciens, toujours enclins à reculer devant les vraies réformes. Mais qui sait que chaque année, vous devez tous, hommes, femmes et enfants de ce pays payer 55 euros afin de rembourser les intérêts de la dette de 31 milliards d'euros générés par la

SNCF ? Personne. À croire que cela n'a pas d'importance à vos yeux.

En définitive, la société française est bien fondée, comme les autres, sur l'argent, mais il n'est pas bon de le dire. Parler argent, cela implique de recourir aux chiffres, et les chiffres, eux ne mentent pas. Ils sont là pour rappeler aux Français qu'ils ne sont pas tous égaux. Honte à elle, la République française n'a pas atteint son idéal égalitaire.

# XII

## 35 heures, c'est trop

Eh oui, les Américains ont aussi leur mot à dire sur les 35 heures. Comme le reste du monde, on guettait vos sans-culottes de la Loi Aubry avec un sentiment mêlé d'effroi et d'envie. Et si l'annonce de ces pratiques révolutionnaires traversait l'Atlantique pour éveiller des envies malsaines chez nos prolétaires, jusqu'à présent satisfaits des «acquis sociaux» à l'américaine : deux semaines de congés payés annuels, passées immanquablement à Disneyworld en Floride.

Un peu soulagés, nous avons constaté que les 35 heures n'étaient pas si bien acceptées que cela par la grande majorité de Français, toujours méfiants à l'égard des gouvernements qui prétendent leur faire des cadeaux. Pour tenter de les convaincre, il aura fallu aux promoteurs des 35 heures une campagne d'explication fort savante sur le thème : «Moins d'heures de travail pour chacun, donc plus d'emplois pour tous et, au finish, augmentation du pouvoir d'achat, donc plus de croissance.»

Cette belle campagne, à coup de spots d'une minute trente pas moins, n'a pas vraiment convaincu le public, même si les plus civiques – les plus hédonistes, des cadres pour la plupart qui y étaient de toute façon favorables – ont fini par répondre, dans un grand élan républicain : « Ah bon ? C'est pour la patrie ? Alors d'accord... » Ainsi, un public avisé en vaut deux !

Au passage, je voudrais rendre hommage à ces grands penseurs, ces politiciens français qui ont imaginé cette réforme si astucieuse. Il leur a suffi, dit-on, d'un ou deux week-end de *thinktank* fébrile, en avril 1997, pour élaborer leur fabuleux dessein, malgré les réticences de la plupart des économistes. Mais, tout le monde le sait : si on avait fait confiance aux chercheurs, on aurait eu droit à un résultat scientifique du genre « les 36,7 heures ». Les 35 heures, ça sonne mieux, surtout en période électorale.

Hélas, la suite fut moins glorieuse, car ces messieurs ont laissé – comme le font souvent les mâles français – à une femme, en l'occurrence la malheureuse Martine Aubry, le sale boulot, la mise en œuvre de leur petite « découverte ». Et elle n'a pas fini de le payer...

En attendant, les 35 heures auront servi à briser le stéréotype du travailleur français jusqu'ici considéré outre-Atlantique comme un grand fainéant qui cherche n'importe quel prétexte pour manquer à l'appel. La vérité saute désormais aux yeux : non seulement il accepte – au nom de l'intérêt national – de trimer quatre heures de moins par semaine mais il compte bien se faire payer ces fameuses heures afin que les patrons ne se sentent pas exclus de cette solidarité républicaine.

Naturellement, pareil succès a fait des envieux à l'étranger chez ceux qui se refusaient à croire en cette alchimie qui consiste à produire plus de richesses en travaillant moins. Ces Cassandre libérales s'obstinent à appliquer de vieux principes périmés, du genre « Plus tu bosses, plus tu es payé. »

« La loi des 35 heures en France finira par aggraver la situation de l'emploi. Cette loi fournira une raison supplémentaire aux sociétés qui hésitent à investir en France. » C'est

Bryan Caplan, économiste à l'université George Mason (Virginie) qui le dit. Je ne connais pas ce monsieur, mais c'est probablement un réac frustré. En outre, il ose prétendre que les Anglo-saxons ont inventé les premiers, en Angleterre, ce qu'ils nomment « Share-the-work ». C'était au XVIᵉ siècle à une époque où les ouvriers risquaient la geôle s'ils travaillaient trop, et, persiste M. Caplan, tout cela n'a jamais créé des emplois durables. Rappelons, histoire de montrer le manque de sérieux de telles allégations, que ces mêmes Anglais insistent pour affirmer qu'ils ont aussi lancé le vin pétillant avant Dom Pérignon.

Pour revenir à nos moutons, j'ai constaté à ma grande horreur, que les ennemis de la révolution des 35 heures se trouvent aussi à l'intérieur des frontières. Plus étonnant encore pour un candide assez peu au fait des arcanes de votre politique : lesdites attaques proviennent également du propre camp de la gauche. Pascal Beau, expert en protection sociale, lié au Parti Socialiste, a ainsi calculé que chaque nouveau job créé par les 35 heures aura fini par coûter 45 000 euros par an de subventions. Et un économiste de la CGT, dont je ne citerai pas le nom car le licenciement punitif, ça existe, se demande même si l'État n'aurait pas mieux fait, pour créer des emplois, d'augmenter le nombre des fonctionnaires.

Tout cela parce que pour financer les 35 heures on comptait faire payer les riches en augmentant l'ISF. Hélas son rendement s'est avéré insuffisant. Sans doute à cause du départ imprévu de Laetitia Casta en Angleterre. Maudits Anglo-Saxons qui sabotent une fois encore le progrès social dans l'Hexagone. Et puis, comme on pouvait s'y attendre, la législation sur les 35 heures a eu pour effet de creuser l'abîme entre patrons et employés. Forcément le mot travail recouvre des réalités différentes. Quand ils le prononcent, les uns entendent, période de travail effective. Les autres comprennent « présence », ce qui n'est pas tout à fait la même chose. Durant les heures de présence, en effet, les employés trouvent tout à fait naturel de discuter week-end, vacances, ou dernière grippe du petit avec leurs collègues. Et, pendant ce temps, le client attend.

Or, pour les patrons français, bornés et bourrés de préjugés, les quatre heures supprimées par la Loi Aubry doivent être prélevées sur la partie « présence » de la journée, tandis que pour les salariés ce serait plutôt l'occasion de tailler dans la partie réelle du travail. Il va sans dire qu'un tel malentendu ne pourra être réglé qu'à la française, c'est-à-dire par des mouvements sociaux à répétition.

C'est grâce à ce débat sur les 35 heures que j'ai enfin saisi la différence entre la France et les autres pays postindustriels, comme les États-Unis. Dans la mentalité anglo-saxonne, les gens ne travaillent pas pour gagner leur pain quotidien mais pour combattre une oisiveté, mère comme l'on sait de tous les vices. Alors forcément, en apprenant que les 35 heures ont été accompagnées d'une montée subite de la petite criminalité, il ne manquera pas de réac américains pour lier les deux phénomènes. Je les entends déjà expliquer avec des intonations à la John Wayne : « Tu vois mon gars, tu leur donnes une semaine supplémentaire de RTT et comme ils rêvent de s'offrir un séjour au Club Med pour ne pas passer leurs journées à regarder "Derrick" aux côtés de mamie, forcément ils dérapent et braquent le buraliste ou la station essence. »

# XIII

## Le dieu fonctionnaire

À mon arrivée à Paris, jeune et innocent, je croyais débarquer dans un pays plus ou moins semblable au mien à la seule différence que l'on n'y parlait pas anglais. Grossière erreur !

Car la France est un pays soumis à une étrange religion qui s'appelle l'étatisme, et dont les grands prêtres sont les fonctionnaires. La fonction publique y est la première famille du pays, avec ses 5,2 millions d'actifs et ses 3,6 millions de retraités. Tout le monde en est, de près ou de loin. Et c'est peut-être pour cela que le terme de fonctionnaire injurieux de l'autre côté de l'Atlantique n'a pas une connotation péjorative en français.

Dès mon arrivée à Paris, l'initiation a été immédiate. Quand j'ai tendu mon passeport américain à la préposée aux inscriptions de la Sorbonne, celle-ci, d'un geste las, m'a demandé de prouver « autrement » mon identité. « Autrement » ? Comment ? Visiblement fatiguée par ces étudiants étrangers peu au fait des subtilités de la fonction publique, elle m'expliqua que le passeport ne suffisait pas. Je devais lui prouver que le document qu'elle avait sous les yeux n'était pas une illusion. Déroutant pour un enfant de l'Ohio. En Amérique, pour m'inscrire à l'université, il m'avait suffi de décliner mon nom. Aucun justificatif n'était requis.

Aux États-Unis, il est vrai, personne n'a de carte d'identité ni même de livret de famille et l'on peut passer toute une vie sans jamais devoir « prouver » qu'on existe. Les scènes des films français où des flics entrent dans un lieu malfamé en hurlant « Vos papiers ! » nous font sourire. C'est impensable chez nous ce qui explique peut-être pourquoi nos policiers tirent avant de poser des questions.

Respectueux des traditions françaises, j'ai donc pris le chemin de l'ambassade des États-Unis où les diplomates rédigèrent, avec une efficacité qui témoignait de leur longue expérience, une lettre adressée au rectorat témoignant que « cette personne (moi en l'occurrence) possédait bien la nationalité américaine ». Elle était écrite en français, sur deux pages collées ensemble avec un ruban rouge orné d'un sceau. Le premier sceau de ma vie, et je le dois à ces chers fonctionnaires français !

C'est ainsi que j'ai pris ma première leçon de bureaucratie et que j'ai compris cette règle fondamentale : les bureaucrates ne communiquent qu'avec leurs homologues et par l'intermédiaire de documents que l'administré se doit de présenter.

Quelques années plus tard, la fin de mes études à la Sorbonne a aussi été couronnée par un acte administratif, en l'occurrence une simple enveloppe retournée par la poste et préalablement timbrée par mes soins. Elle contenait, outre la confirmation de mon diplôme, l'avertissement suivant : « Cette attestation, pour être valable, ne doit être ni surchargée, ni grattée. *La Faculté ne la délivre qu'une fois.* » Quel contraste avec la sympathique cérémonie de remise de diplômes des campus américains. Ce grand moment de gloire et de nostalgie se déroule en présence des parents qui ont toujours la larme à l'œil (car, chez nous, les études supérieures peuvent leur coûter fort cher).

La France, tout le monde le reconnaît, est le berceau de la bureaucratie. Le modèle français l'a emporté sur l'anglo-saxon, plutôt avare en matière de documents (les Anglais eux aussi arrivent à vivre sans carte d'identité). La plupart des autres pays vous ont copié mais sans le génie (ou le sadisme) des Gaulois.

Prenez la facture de l'EDF qui arrive dans tous les foyers assortie d'un ordre : « Document à conserver 5 ans. » Je lis et relis cette déclaration solennelle, mais sans comprendre. Pourquoi bon sang la conserver cinq ans ?

« Pour éviter d'avoir des ennuis avec l'administration », me répond mon ami Jean-Paul. Sans autre explication, car le sujet est pour lui aussi banal qu'évident. Les administrés français gardent sans protester des centaines de documents pendant des périodes allant de quelques mois à toute une vie : bulletins de salaire, récépissés, factures, relevés bancaires, talons de chèques, avis de débit et de crédit, toutes les pièces justificatives, tous les papiers relatifs aux charges sociales... Avec en moyenne 28 mètres carrés de superficie habitable par personne, où donc les Parisiens les fourrent-ils ? Je comprends le succès des résidences secondaires : elles servent à stocker la paperasse légale. La France est sûrement le seul pays au monde où les factures ont une vie plus longue que les lettres d'amour.

Parfois il y a aussi de bonnes surprises. Ainsi au terme du décret N° 2000-1277, les fiches d'état civil ont été remplacées par la présentation de l'original, carte d'identité ou livret de famille, par exemple, ou d'une simple photocopie de ces mêmes pièces. La fin d'un cauchemar pour bien des citoyens mais personne ne s'est demandé pourquoi il avait fallu cinquante ans pour que l'État et ses préposés reconnaissent la machine à photocopier. Cette décision, arrêtée du jour au lendemain, montrait aussi qu'en France les administrés sont des veaux. Leurs ancêtres avaient pris d'assaut la Bastille et tranché la tête de leur monarque, et voilà que leurs descendants passent des heures à attendre docilement un document finalement inutile.

Peut-être doit-on en conclure que les Français, face aux représentants de l'État, sont victimes du fameux « syndrome de Stockholm » : ils chérissent leurs fonctionnaires (selon un sondage, ils sont même 82 % à les « féliciter ») et leur obéissent sans barguigner car ceux-ci ont le pouvoir de les faire beaucoup souffrir. Mais cette analyse est peut-être un peu rapide.

Il faut pour parvenir à ce stade de résignation avoir le culte de l'État. S'il existe un consensus chez les Français, c'est bien dans ce domaine : ils veulent un État centralisé, musclé, et interventionniste. Un État qui leur serve de gendarme, de parent, de société d'assurances, d'employeur, d'arbitre, et j'en passe. L'État est censé tout faire dans ce pays, sauf laver les carreaux.

Les citoyens américains sont, eux, très méfiants à l'égard des pouvoirs publics. Les Anglo-Saxons, avec leur vision parfois simpliste de l'Hexagone, restent convaincus que les Français sont depuis toujours amoureux de l'État, qui par un transfert (Freud où es-tu ?) est venu se substituer à leur roi. L'État fort à la française possède tous les droits, même celui de se tromper.

Et cela arrive. Du drame du sang contaminé aux pertes du Crédit Lyonnais, les serviteurs de la nation n'ont pas toujours eu un parcours sans faute. Et (quasiment) chaque fois qu'ils promulguent de nouvelles lois et réglementations, ils créent ce qu'on appelle avec indulgence des « effets pervers ». Afin de protéger les locataires, on rend l'accès au logement extrêmement difficile pour les jeunes. Une loi qui accorde plus de droits aux malades fait grimper les primes d'assurances des médecins. Les minima sociaux encouragent certains chômeurs à ne pas chercher du travail. Ces initiatives donnent naissance à des crises à répétition qu'il faut gérer, mais l'État est là pour ça. Alors, on fait avec...

Le summum de cet impérialisme étatique est la taxe sur les taxes. Je fais référence à la facturation EDF (encore elle) avec sa fameuse TVA de 19,60 % appliquée sur les taxes locales. Depuis un certain temps, les administrations en admettent l'absurdité, mais elles rechignent à se passer de cette source de revenus qui fait rentrer des centaines de millions d'euros supplémentaires dans les caisses. Aux États-Unis, des contribuables furieux auraient depuis longtemps « démonté » le Capitole de Washington en signe de protestation. En France, pas la moindre révolte. Il y a plus de deux cents ans que les Américains s'étonnent de cette docilité française : Thomas Jefferson, ambassadeur à Paris dans les années 1784-1789, remarquait que ses gouvernants dirigeaient la France « comme le feraient des loups avec des brebis ».

Cette confiance est si totale que les Français n'envisagent pas de se passer de l'État. Quand on demande à Éric, un étudiant français qui fait un stage pour son DEA à Newcastle, s'il a envie de rester travailler là-bas, il répond que ce serait peut-être « intéressant » mais « socialement » inacceptable : en Angleterre, la couverture médicale n'est pas gratuite, et il faut cotiser pour les retraites. Mon Dieu ! Si jeune et déjà si soucieux d'être pris en charge par l'État-providence.

Naturellement, cette dépendance acceptée entraîne des contreparties. On exige que l'État s'occupe de tout. La mère d'un fils handicapé apprend que son « auxiliaire de vie » ne sera plus payée par les services sociaux, faute de moyens. Elle demande solennellement à l'État d'« assumer ses responsabilités ».

Lors d'un débat à RTL, un Français de 23 ans qui craint de perdre son emploi-jeune, lance à un représentant du gouvernement : « Que proposez-vous ? » Pour ce jeune homme, c'est à l'État de prendre l'initiative pour lui procurer un travail.

Après chaque affaissement de terrain ou inondation de caractère exceptionnel, on critique les secours tardifs ou la lenteur des aides financières et, partout, c'est le même refrain : « On nous a oubliés, ignorés. »

À la suite de la fermeture de l'usine de Daewoo (Meurthe-et-Moselle) les grévistes lancent un ultimatum à l'État : ils jetteront des produits chimiques dans la rivière voisine si leur appel n'est pas entendu. Chantage ? Pas du tout, ils ne font que réclamer leur dû avec des moyens un peu expéditifs.

Il n'y a pas que les sinistrés, les inondés, les chômeurs et les handicapés qui comptent sur l'État pour « faire quelque chose ». Agriculteurs, étudiants, médecins, cheminots, commerçants, fonctionnaires, SDF, intermittents, victimes d'attentats... Difficile de trouver en France un groupe qui n'a pas ses propres revendications. Aux yeux des Américains, le pays est constitué d'une ribambelle de lobbys qui se soutiennent mutuellement et en appellent systématiquement à l'État.

Il est rare en effet de voir un Français, publiquement en tout cas, désavouer un de ses compatriotes et juger que ses revendications sont exagérées. Un exemple : les enseignants gagnent à peu près le même salaire que leurs confrères américains. Avec une petite différence : les Français travaillent 625 heures par an, les Américains 950 heures. Mais personne ne trouve justifié de retirer aux instituteurs français le privilège qui les autorise à prendre leur préretraite à partir de 57 ans, car le métier est « très, très dur ».

On comprend qu'une certaine solidarité unisse les Français vis-à-vis de l'État : appuyez les réclamations des autres et, le moment venu, ceux-ci soutiendront les vôtres.

Dans un sens, ce comportement illustre une certaine idée ou pratique de la démocratie. En France, selon le contrat social en vigueur, les taxes et les impôts sont parmi les plus élevés au monde, sans compter les diverses cotisations aux caisses à usages multiples – au total, presque six mois de salaire partent à la collectivité. À l'État ensuite de redistribuer ces sommes de façon – plus ou moins – équitable. Ce qui encourage les contribuables à se précipiter pour être les premiers servis avant que la manne étatique n'ait disparu.

L'État français, c'est une truie à huit mamelles – pour neuf cochonnets.

Et pourtant, force est de constater que l'administration, si elle se montre souvent tatillonne et tyrannique, ne fonctionne pas si mal. La machine est bien huilée. Les représentants des pouvoirs publics sont assez fiables, plus que leurs homologues du secteur privé. Ils répondent au téléphone, ce qui est rare dans notre siècle. Essayez d'appeler un fonctionnaire américain et vous tomberez sur une interminable série de répondeurs automatiques.

Certes, les administrés rouspètent de temps à autre, mais plutôt timidement. Là où un Américain serait hystérique, un Français le prend avec le sourire et raconte les horreurs administratives qui lui sont arrivées, comme s'il s'agissait d'un rite de passage obligé. Il sait bien que la richesse et la complexité des procédures administratives ont surtout pour effet de pérenniser la fonction publique. Pourtant, jamais, mais au grand jamais, lors des bouleversements sociaux qui secouent périodiquement la France, on ne demande une réduction du nombre des fonctionnaires. Au contraire, on réclame des augmentations de personnel.

Tout se passe comme si, au cours des siècles, les Gaulois étaient devenus accros à la paperasse, empilant à plaisir ces montagnes de dossiers qu'ils doivent conserver pendant toute une vie. Pour une opération aussi simple que la location d'un logement, il faut au minimum présenter une carte d'identité, le dernier avis d'imposition, les trois dernières quittances de loyer, les trois derniers bulletins de salaire, l'attestation de l'employeur et, dans le cas de jeunes, une caution parentale. Chaque document, m'assure-t-on, est le résultat d'un règlement. Une paperasse inimaginable aux États-Unis où il suffit d'un seul bout de papier (un chèque) pour louer un appartement. En cas de non-paiement, le propriétaire met simplement le locataire récalcitrant à la porte.

Une telle attitude est impensable en France, d'où la nécessité de montrer patte blanche car un propriétaire avisé doit présumer que tout impétrant est un resquilleur en puissance. Comme le soulignait Françoise Giroud (dans *Rumeur du monde*) : « Dieu que les Français aiment donc les règlements ! Ils en mettent partout, même là où ils n'ont rien à faire, dans la littérature. » Dans le film *L'Auberge espagnole* de Cédric Klapisch, on voit l'écran submergé par les attestations qu'un pauvre étudiant doit fournir, simplement pour continuer sa formation. Les spectateurs en rient, puisqu'ils sont tous des licenciés-ès-dossiers. Espérant obtenir 35 000 euros d'aide à la rénovation, les Amis de la Vieille Église de Cravant (Yonne) ont mis « un temps colossal » à constituer un dossier qui au final pèse plusieurs kilos. Leur président le constate avec résignation mais sans amertume.

Parfois, on serait tenté de croire que les Français ne sont pas mécontents de traiter avec des représentants de l'État, qui s'offrent le luxe de travailler dans un anonymat digne d'un gouvernement fasciste. (Les documents émanant des pouvoirs publics portent bizarrement une signature qui s'apparente aux caractères japonais.) Et un Français trouvera tout naturel qu'un bulletin de paie soit aussi lisible que des hiéroglyphes, mais sans l'aide de la pierre de Rosette.

Étonnant, ce manque de méfiance venant d'un peuple renommé pour sa circonspection.

# XIV

## Un pays d'assistés

C'est un reportage parmi d'autres sur la grogne des contribuables face aux impôts locaux. Une artiste-peintre qui habite
la campagne auxerroise a récemment fait construire un atelier
rattaché à sa maison (déjà deux étages). Elle se plaint amèrement des impôts locaux : ils ont quadruplé et atteignent
presque 1 400 euros par an. Et, le plus naturellement du
monde, elle explique que, de toute façon, elle se trouve dans
l'incapacité de les payer étant au RMI.

Comment une contribuable ayant les moyens financiers
d'agrandir son logement peut-elle, en toute légalité, toucher
le RMI ?

Un pays qui prend soin des plus démunis, c'est, bien sûr,
admirable. Et même les Américains qui ont souvent du mal
à admettre que leur cher capitalisme peut aussi créer de la
pauvreté, louent la générosité de la République française.
Mais voilà, en France, la manne de l'État n'est pas limitée
aux pauvres. Presque tout le monde, des plus aisés aux plus
humbles, bénéficie de ces aides apparemment inépuisables :
CMU, emplois-jeunes, APA, allocations familiales, pré-
retraites, RMI, prime de rentrée scolaire, AGED, chèques

vacances, aide personnalisée au logement, ALF, allocation parent isolé, prime pour l'emploi... J'en ai la tête qui tourne.

Et encore, j'en découvre tous les jours. Au cours d'un dîner, une amie, propriétaire de son appartement parisien, exprime son inquiétude à l'idée des frais considérables que va entraîner le ravalement de l'immeuble. « Il existe un organisme qui accorde des aides pour ce type d'opération. Adresse-leur ton dossier », lui suggère l'un des convives. Champagne !

La plus célèbre (on en a entendu parler jusqu'en Amérique) de ces aides, les allocations familiales, coûtent une fortune à l'État. Elles ont été créées en 1945 pour encourager la natalité dans un pays soucieux, depuis les ravages de Napoléon et la guerre 1914-1918, de repeupler ses casernes

Mais franchement, des parents qui font un deuxième enfant pour toucher une centaine d'euros par mois, je ne voudrais pas être leur rejeton. D'autant que rien ne les empêche de dépenser ce petit pécule au Casino d'Enghien... Pour Las Vegas, mieux vaut faire sept enfants (800 euros par mois.)

Qu'importe si chacun s'accorde à le reconnaître depuis belle lurette, ces allocations n'ont aucune incidence sur la natalité. Elles sont tout bonnement devenues un « acquis » et s'avèrent par conséquent intouchables. Deux gouvernements, ceux de Juppé puis de Jospin, ont néanmoins fait une – timide – tentative de réforme. Imposer un plafond de ressources semblait ressortir d'une logique de gauche, mais les élus socialistes ont reculé quand les mamans en tailleurs Chanel des VIIe et XVIe arrondissements sont venues manifester poussettes en main.

Naturellement, le lobby des allocs pour tous (grands bourgeois compris), a depuis longtemps peaufiné son discours en lui donnant une allure et une couleur républicaines. Ces allocations symbolisent « l'égalité de chaque enfant devant la nation, qui reconnaît solennellement qu'il est important et qu'elle s'en occupe », proclame le responsable de l'Union des associations familiales. Et les malheureux enfants uniques ?

Sacrifiés purement et simplement. Ainsi, les Français donnent aux Français... À tous les Français. Une petite revanche pour les contribuables soumis à l'ISF.

On continue par contre à se féliciter de l'instauration du RMI et sans doute a-t-il permis à des milliers de gens de traverser une période difficile. Mais il n'est pas sans défaut. Premier effet pervers qu'il a fallu une bonne décennie à avouer, la démotivation. Un couple sans emploi touchant deux RMI gagnait plus d'argent en ne travaillant pas, surtout au SMIC. On a donc dû inventer les primes pour l'emploi, insuffisantes puisque dans certains cas on finit par gagner seulement deux ou trois cents euros de plus en travaillant à temps complet.

Réclamé par plus d'un million de Français, le RMI a également rencontré un vif « succès » auprès des étudiants en fin d'études, pour la plus grande joie de leurs parents lassés de les entretenir. Lorsque le gouvernement a voulu responsabiliser les familles, ce fut un tollé général. « Je cotise, j'y ai droit », ont répondu les parents.

Le cas des SDF est tout autre. C'est un vrai débat entre socialistes et libéraux. Selon ces derniers, le RMI a pour effet de gonfler les rangs des sans-abris, car il facilite leur existence marginale. Les socialistes, en revanche, le considèrent comme un filet de sauvetage réservé aux plus pauvres qu'il faudrait de toute façon aider. Mais le principal avantage du RMI est peut-être d'atténuer le désarroi que ressentent beaucoup de Français devant les SDF. La bonne conscience n'a pas de prix.

Alors, tant pis s'il permet à des gens qui ne sont pas vraiment démunis – difficile d'estimer leur nombre – de vivre aux frais de l'État.

Prenons l'exemple d'un copain artiste, Robert. Ce Parisien proche de la quarantaine, habite un petit studio où il crée des statues dans le style de Giacometti (mais un Giacometti aveugle). Des œuvres improbables, qu'il vend de-ci de-là, pas chères et en liquide, généralement à ses amis ou à ses parents, plutôt aisés, et inquiets pour son avenir. C'est en réalité grâce à son statut de RMIste qu'il a décroché il y a quelques années, que Robert peut subsister. Normal, dans sa tête le RMI n'est rien qu'une subvention pour les artistes.

Selon la pensée darwinienne (que les Français qualifient de loi de la jungle), cet homme ne mérite pas de survivre en tant que sculpteur puisqu'il n'a aucun talent. Tous ses proches le reconnaissent et d'ailleurs aucune galerie n'a jamais accepté ses sculptures. Robert n'a nulle envie de « s'insérer », comme le suggère le I (insertion) de RMI. « Travailler dans un bureau, me lever tous les jours à huit heures, jamais ! », proclame-t-il. Américain, il aurait au moins été obligé de trouver des petits boulots pour financer son mode de vie. James, un ami artiste de Columbus qui lui aussi n'arrive pas à vivre de ses ventes, est la nuit videur dans une discothèque. Comme on dit aux USA, le *free lunch* (le déjeuner gratuit) n'existe pas. On peut évidemment trouver admirable que la France offre à Robert la possibilité de mener en toute liberté sa vie d'artiste. Seulement, c'est aux frais de la collectivité. L'assistante sociale en charge de son dossier soupçonne évidemment qu'il a d'autres revenus le disqualifiant en théorie pour le RMI, mais elle ferme les yeux. Robert restera donc RMIste jusqu'au jour où il touchera son héritage.

L'État-providence s'occupe aussi de la vie sentimentale de ses administrés. Votre petit ami trouve un emploi intéressant en province ? Ce serait trop triste de se quitter pour autant. Démissionner pour suivre son concubin est considéré comme légitime et ouvre droit aux allocations chômage. Ah les Français, toujours l'amour !

Un Anglo-Saxon a parfois l'impression que les prestations sociales font appel non pas au génie des Français mais à leur débrouillardise, à leur capacité à taper à la bonne porte, à préparer des dossiers bien ficelés. Charles Baudelaire qui a toute sa vie connu des problèmes d'argent, aurait-il réussi à être RMIste ? Peu probable.

Une de mes amies danseuse a passé six ans à New York pour essayer de percer dans ce métier difficile. Pour vivre, elle a travaillé (très dur) comme serveuse dans un restaurant de Greenwich Village, dont elle garde pourtant un bon souvenir. De retour en France, elle n'a pas cherché à être danseuse (irréaliste), ni serveuse. Elle est devenue intermittente du spectacle en faisant de la figuration. Ce statut, on le sait, a l'avantage de permettre de faire autre chose – ou rien – une bonne partie de l'année. À Hollywood, les acteurs et techniciens, qui eux aussi font un travail par nature temporaire, touchent de faibles indemnités et sont obligés de chercher des petits jobs pour assurer l'intérim. Leur grand espoir est d'être « découvert » pendant qu'ils servent un producteur de cinéma comme Steven Spielberg – un rêve qui se réalise d'ailleurs parfois. Mais jouir de « l'intermittence » à la française, c'est vraiment un paradis inaccessible.

J'ai, au fond, l'impression que la raison d'être de cette panoplie d'aides est la peur de l'exclusion. Selon les sondages, une bonne moitié des Français craint de se retrouver un jour, eux ou leurs enfants, dans le besoin. Et les statistiques ne sont pas de nature à les rassurer : en France, 44 % des chômeurs (contre seulement 6 % aux États-Unis) n'ont pas retrouvé d'emploi au bout d'un an. Lorsqu'un Français cotise, il a donc l'impression de préparer son propre gilet de sauvetage.

Pourtant, selon la plupart des économistes, les cotisations payées à la fois par l'employé et l'employeur constituent une taxe sur le travail qui favorise le chômage. Le financement de toutes ces aides nécessite sans cesse la création de nouvelles taxes qui, telle la CSG, frappent durement les plus bas salaires.

Ce système d'assistance, si coûteux, explique par ailleurs la faiblesse des dons faits aux œuvres de charité, qui sont nettement inférieurs à ceux des Américains, des Allemands ou des Hollandais. Submergés par les prélèvements de toute sorte, les Français estiment que c'est à l'État de s'occuper des plus démunis. Le scandale de l'ARC les a confirmés dans cette idée. La très médiatique campagne des «pièces jaunes» orchestrée par Bernadette Chirac ou encore le Téléthon ne recueillent que des miettes comparés aux grands organismes de charité américains qui reçoivent chaque année des sommes estimées à 212 milliards d'euros.

L'appétit venant en mangeant, les Français se montrent de plus en plus gourmands et les périodes électorales sont propices aux surenchères pour augmenter les allocations de tous acabits. En instaurant l'Allocation personnalisée d'autonomie (APA), qui a contribué à augmenter sensiblement les impôts locaux, l'État a, en partie, satisfait le troisième âge. Une femme dont la mère de 86 ans est grabataire reçoit le maximum de l'APA, soit plus de 1 000 euros par mois. Elle est contente de toucher ce qu'elle appelle «une bouffée d'oxygène», explique-t-elle dans les pages du *Monde*. Mais elle ajoute immédiatement que c'est insuffisant, car l'auxiliaire de vie lui coûte 600 euros supplémentaires.

Grâce à cette aide généralisée, la France a quand même rendu un grand service à «ses pauvres». Aujourd'hui, il n'est plus honteux d'être assisté puisque tout le monde ou presque, a été, est, ou sera un jour bénéficiaire du système. Aux États-Unis, le facteur orgueil joue encore. Malheureuses familles américaines sans ressources qui, arrivées aux caisses d'une épicerie, doivent payer leurs achats au vu et su de tous avec des bons de nourriture *food stamps*. Ne serait-ce que pour cette humiliation épargnée aux plus humbles, bravo la France.

# SOCIÉTÉ

# XV

## Parlons cuisine

Bien sûr elle est bonne, la cuisine française ! Qui donc oserait vous attaquer sur ce terrain ? Certainement pas le ressortissant d'un pays où l'on s'alimente plus par patriotisme que par plaisir.

Mais il y a un hic : vie moderne et cuisine traditionnelle ne font pas bon ménage. Dans ce pays où l'on se suicide encore pour une étoile perdue comme Vatel jadis à cause d'un repas imparfait, qui a encore le temps de préparer de bons petits plats s'il n'est pas rentier ou chômeur ? Qui, en dehors des PDG et autres élites à notes de frais, peut s'offrir des repas dans un très bon restaurant ?

Un jour, je demande à une copine parisienne, Marie-France, de préparer une soupe de poisson pour six personnes (vous avez peut-être deviné qu'en bon Américain, je n'ai rien d'un cordon bleu). On commence à faire les courses à 9 heures pile. Première visite au supermarché du coin. Hélas, il y manque la moitié des ingrédients, en particulier ces têtes de poisson indispensables au fumet et, surtout – selon la cuisinière – l'œil glauque et la chair molle du colin témoignent d'un manque de fraîcheur inquiétant. Où aller ? Les poissonniers se font rares à Paris de nos jours.

Heureusement nous tombons, dans l'arrondissement voisin, sur la poissonnerie l'Escale qui offre presque tout ce que nous recherchons. Il y a même des poissons joliment décorés d'un drapeau tricolore, étiquetés «pêche française». Restent les langoustines fraîches «il vaut mieux les commander par téléphone», s'excuse le vendeur, qui, au dernier moment, se souvient qu'il en a de déjà cuites. Ça ira quand même. Tout près, au Cours des Halles, on achète le persil, l'ail, le fenouil, les tomates, les oignons et le safran.

Il est presque 10 heures quand nous arrivons à la maison. La préparation du plat implique (dans le désordre) un couteau de cuisine, un saladier pour y jeter les déchets, un grand et un petit bol, une cuillère en bois, une planche à découper, un économe, un presse-ail, une cuillère, une fourchette, un grand fait-tout, un plat creux, une passoire et une louche. Le tout à sortir, utiliser, laver puis ranger. (Soit près de cinq fois plus de vaisselle que pour un hamburger !) À 12 h 40, on peut enfin passer à table. Au total, plus de trois heures de labeur pour un résultat, avouons-le, des plus succulents.

Recommencer pareil exercice pour le dîner ? Hors de question ! Le grand ennemi de la gastronomie française ce n'est pas la malbouffe américaine mais la société postindustrielle. Le travail des femmes, les transports, le stress quotidien, tout cela condamne à une course perpétuelle. Même les mammys, désormais équipées de micro-ondes, ont souvent autre chose à faire. Un chiffre révélateur : 96 % des Français consomment des surgelés (trois fois plus que les Italiens). Et, selon *Le Monde*, les Françaises entre 25 et 35 ans, n'apprennent pas à faire la cuisine.

«Y a-t-il encore des gens qui mangent à la française ? », demande Nigella Lawson, journaliste gastronomique du quotidien le *New York Times*. Selon cette grande prêtresse de la bouffe, la cuisine française, une référence mondiale depuis des lustres, est en perte de vitesse. Et de stigmatiser : «Tout ce gras, ces œufs, tant de crèmes lourdes et de fromages. » À croire qu'elle a été entendue (même si personne en France ne la lit). Depuis quelques années, certains bistrots branchés ont viré de bord et arborent sur leurs cartes, carpaccio, salades à l'huile de sésame et autres emblèmes de la cuisine diététique.

Mais on pourrait aussi affirmer que ce recul de la gastronomie à l'ancienne est plutôt bon signe. La marque d'un pays qui, loin de se crisper sur ses traditions, s'ouvre de bon cœur à la mondialisation culinaire. Car l'envahisseur, ce n'est pas seulement McDo, c'est aussi la cuisine asiatique, les saveurs épicées venues des Caraïbes, la merguez nord-africaine et même les chili mexicains. Les cuisiniers français, sans cesse en quête de goûts nouveaux et fuyant la routine, ont, en effet, appris à tirer le meilleur parti de toutes ces saveurs exotiques. Paradoxalement, ce que les Français refusent sur le terrain économique – la mondialisation – ils l'acceptent avec joie dans leur assiette.

Rien d'étonnant, dès lors, à entendre une gamine qui prend pour la première fois des vacances avec ses parents en Tunisie s'écrier : « Ils ont du couscous ici, tout comme chez nous. » Bien observé : selon un récent sondage, le deuxième plat national français, après le steack-frites est... le couscous !

Il faut dire que les Asiatiques et les Maghrébins, tout comme les importateurs des *fast-food* d'Outre-atlantique, ont trouvé la faille de la restauration française : la paresse notoire des restaurateurs qui obligent le client à se nourrir dans un créneau limité à quatre heures par jour. Ajoutez à cela l'incapacité des cafetiers à s'adapter en servant des repas rapides à des prix raisonnables. Essayez de dîner un dimanche soir en province, à Melun par exemple. Dans le centre ville, vous avez le choix entre deux ou trois chinois et un McDo.

À propos des McDo, sans la peur du gendarme, bien des Français se joindraient certainement à José Bové pour démanteler ces usines à malbouffer. Mais si vous avez l'impression que la France, pays des traditions, résiste aux sirènes du roi-hamburger, détrompez-vous. Même si McDonald's voit son chiffre baisser dans certains pays, il n'en est rien dans l'Hexagone. La France, avec ses 950 McDo, détient les meilleurs scores, avant les États-Unis. Quel camouflet ! On vous avait déjà intoxiqués avec le Coca-Cola (il n'y a pas que les touristes américains qui boivent ce sirop infect aux terrasses des cafés, hein ?) et maintenant vous contribuez, plus que les Allemands, les Anglais et les Italiens, aux bénéfices de Ronald McDonald.

Mais cette transformation des mentalités accompagnée d'une mondialisation des goûts ne se fait pas sans heurts. Dans un restaurant branché du VIIIe arrondissement, le serveur se préparait à saupoudrer de parmesan râpé le carpaccio de ma compagne. L'outrage ferait frémir tout Italien. Fort de mes quatre années passées à Rome, je l'arrête et lui fais remarquer que ce plat s'accompagne de parmesan découpé en fines lamelles. Considérant sans doute qu'il n'a pas de leçons à recevoir d'un Américain, le serveur se rebiffe. Il faudra l'intervention du patron pour que j'aie le dernier mot.

Et gare aux nouvelles expériences culinaires. Le poulet au Coca-Cola servi dans le restaurant tendance de Jean-Luc Delarue (il a déposé son bilan fin 2002) m'a peu convaincu. Et c'est une litote. J'ai goûté dans un bistrot parisien, et pas des moins chers, une pièce de bœuf recouverte de Brie de Meaux. Ça ressemblait à quoi ? À de la viande avec du Brie. Pas sensas. En dehors des Américains naïfs, à qui un tel plat-arnaque pourrait-il être destiné ? Faisant preuve d'une certaine finesse, le serveur ne m'a tout de même pas proposé le plateau de fromages.

Quoiqu'il en soit, sur le plan théorique, la France reste le pays de la gastronomie. Ici, on sait tout en matière de diététique. Sur un vol Air France, je choisis un jus d'orange pour mon fils, âgé de quatre ans à l'époque. Et voilà que l'hôtesse de l'air lui donne un jus de tomate. « C'est moins acide », explique-t-elle avec la science d'une Marie Curie des airs. Inimaginable qu'une hôtesse de l'air américaine ait un tel réflexe.

Dans les autres pays, le repas est l'occasion de discuter de maints sujets. En France, à table, le repas lui-même est *le* sujet de conversation. À défaut, on discute avec nostalgie des grandes bouffes passées. Vous ne me croirez peut-être pas, mais un de mes amis cinéaste m'a raconté avec émotion et force détails le dîner surprise offert par ses copains pour fêter ses dix-huit ans. Pas n'importe où en effet, c'était à la Tour d'argent dans les années 1970. Mais trente ans après, quelle mémoire ! Pour les Français, ce genre de souvenir dure toute une vie.

De la cuisine à l'histoire il n'y a qu'un pas et un dîner est souvent pour moi l'occasion de parfaire ma culture. J'y apprends qu'on peut manger les pieds de porc à la Sainte Menehould entièrement, les os compris, et que le roi Louis XVI en aurait goûté lors de la fuite de Varennes en 1791. On m'informe que les oursins se consomment à la fin de l'été, suivis ensuite par la saison des sardines. Saviez-vous que la consommation de l'andouille de Vire remonte au Moyen Âge et qu'elle doit être fumée pendant trois semaines ?

Une évidence : si Jésus Christ et ses disciples avaient été français, lors de la Cène, ils auraient longuement évoqué, avant de le rompre, le fameux pain, dans quel four il avait été fait, avec quel genre de blé et ainsi de suite. Le Nouveau Testament n'aurait jamais vu le jour. Les Français discutent cuisine comme les Byzantins du sexe des anges ou de la nature du Christ, jusqu'à l'obsession. Prenez garde : selon certains historiens, il faut voir dans ces débats angéliques – dans le cas de Byzance – l'origine de la décadence de l'empire romain d'Orient.

Dans l'Ohio, on ne parle pas à table de ce que l'on mange, comme on évite d'évoquer des deuils ou des événements funestes, ce serait déplacé, voire grossier. Chez moi, on ne mange pas on se nourrit et, pour l'Américain moyen, la cuisine française conserve une image péjorative, snob. Tout juste bonne pour les *foodies* (fines gueules).

Le Gaulois est aussi un prosélyte zélé. Interrogé sur mes habitudes culinaires lors d'une visite chez des amis en Auvergne, j'ai avoué que je n'avais jamais mangé de ris de veau. Une erreur à en juger par la consternation qui s'ensuivit. Tout le monde de s'affairer le jour même pour en trouver au marché et l'accommoder avec des petits pois : cette denrée blanchâtre, inodore et sans saveur, qui semble tout droit sortie d'un film de science fiction hollywoodien, plonge les Français dans un véritable délire. Toute la famille, attentive, guettait ma réaction du coin de l'œil. Le lendemain, j'ai cru entendre murmurer dans le petit village : « Le Ricain a mangé du ris de veau. » Comme un message codé des Résistants pendant la dernière Guerre Mondiale.

Et puis il y a le serveur français. Il est sans concurrent en ce bas monde, à condition d'exercer ses talents dans un grand restaurant. En reportage à Dijon pour couvrir une course de F1, j'ai voulu dîner dans un endroit renommé. Guère expert en vins, je choisis un Sauternes pour accompagner une viande rouge. Légère hésitation du garçon : « C'est un vin doux, monsieur. » En bon barbare, je ne voyais pas où était le problème et confirmai mon choix. Embarrassé, le garçon se retira, mais il n'a jamais apporté la bouteille qui n'a d'ailleurs pas figuré sur l'addition. Un excellent repas, mais à l'eau...

En revanche, au bas de l'échelle de la restauration, le garçon franchouillard se classe parmi les pires : un croisement entre le fonctionnaire borné et l'emmerdeur, du genre à mettre une bonne demi-heure à vous apporter l'addition.

Le Français sait aussi se tenir dans les grands restaurants : il est réservé, et naturel, comme si c'était de la routine. L'inverse de l'Américain en voyage qui, dans un trois-étoiles parisien, se transforme en véritable péquenot. En manque de bonne cuisine dans son propre pays, il se comporte comme l'explorateur perdu dans le désert qui tombe sur une oasis. Émotif, il s'émerveille (à très haute voix) devant le décor, et à chaque petite attention du personnel. Il s'attarde longuement sur la carte, remarquant à maintes reprises la finesse des mets. On peut alors déceler sur les lèvres du serveur un fin rictus de mépris.

Dans le domaine des fromages, la suprématie française reste incontestée. En tout cas, ce ne sont pas les Américains qui vont leur disputer ce titre : comme je l'ai déjà dit, nous n'avons que deux espèces, le jaune et l'orange. Si le plateau de fromages a tendance à disparaître des restaurants (hélas), dans les chaumières, il règne comme autrefois. Un couple d'amis parisiens m'entretient du régime draconien qu'ils ont commencé tous les deux. Et le fromage, ai-je demandé ? « Ah non ! il ne faut quand même pas exagérer », ont-ils protesté. Un vrai cri du cœur.

Quant à la baguette, elle est le symbole, à l'étranger, de la culture française au même titre que la tour Eiffel. À mes yeux, son principal atout réside dans la médiocrité de son goût qui lui permet de mettre en valeur les plats. Sinon, sa taille de guêpe s'adapte mal à d'autres tentatives culinaires, notamment le sandwich. On peut difficilement placer des aliments, fromage, rosbif ou pâté, sans qu'ils se sauvent par un bout dès qu'on (un Américain du moins) l'attaque par l'autre extrémité. Les cornichons en particulier qui partent comme des boulets de canon. En plus, malaisée à transporter, la baguette durcit rapidement et souvent, le dessous, trop cuit, est un peu amer. Difficile aussi d'en faire un toast. Ceci dit, certaines baguettes, achetées toutes chaudes se consomment pratiquement pendant le trajet. Chez moi, elles arrivent systématiquement écornées.

Partant de là, rien d'étonnant à ce que la campagne anti-malbouffe de Bové, me laisse perplexe. Il est sympa avec sa bonne gueule, et sa bouffarde ce « paysan » militant. Interdire ou décourager les fast-food, les produits alimentaires de masse, les fromages industriels... Pourquoi pas ? Mais on pourrait aussi partir en guerre contre l'insomnie, le stress et autres fléaux de la vie moderne. Le principal résultat d'une victoire des intégristes du vivre et manger au pays serait que la moitié des Français mourraient de faim. À commencer par les moins fortunés, puisque les « vrais produits fermiers » coûtent fort chers. Désolé de vous le dire aussi brutalement, mais la malbouffe en France est essentiellement d'origine française. Dans une grande surface, on compte environ 600 produits laitiers, dont la plupart sont « made in France ». Alors, militer contre la malbouffe, c'est surtout un débat franco-français, entre traditionalistes et modernistes. Entre ceux qui disposent d'argent et de temps pour manger bien, et ceux qui n'en ont pas. Les Américains avec leurs hamburgers proposent une alternative, c'est tout. Aux Français de choisir. La gastronomie française classique existe toujours et tient encore le haut du pavé. Si elle a une rivale en Europe, c'est la cuisine italienne, certes moins sophistiquée et moins variée, mais faite à partir d'excellents produits.

Mais bon, c'est vrai et je dois l'avouer : il y a un *Paradoxe français* – titre d'un ouvrage récemment paru – qui vient renforcer l'idée que l'on peut à la fois se faire plaisir à table et rester en bonne santé. Non seulement les Français mangent bien mais leur espérance de vie est supérieure à la nôtre et, en plus, ils restent minces : seulement 15 % d'obèses contre plus de 30 % aux États-Unis, en dépit d'un véritable culte des Américains pour les produits allégés. Je me permets d'ajouter au passage que la cuisine américaine est délicieuse *dans son contexte*. Il suffit de ne pas avoir d'autres choix et, bien sûr, d'avoir très faim.

Écouter les Français parler de la gastronomie, c'est un enchantement et leur plaisir – sinon leur savoir – devient contagieux. Le plus fermé, le plus méfiant, le plus réservé des individus sort de sa coquille lorsqu'il est question de recettes. Épanoui, il étale ses connaissances, évoque avec des trémolos des plats mémorables. En ces moments, la France redevient pour un instant celle qui gagne, celle de Valmy et d'Austerlitz.

Alors, bien sûr, le Français a tendance à juger les autres peuples sur leurs talents culinaires. Un soir, j'ai servi à mes invités parisiens un veau à la normande d'apparence un rien... grisâtre. Un silence lugubre s'installa. « C'est peut-être l'éclairage », fit un invité du genre charitable. Peu à peu, les autres se mirent à examiner cliniquement le plat, comme le ferait un médecin légiste. Je m'étais mal expliqué avec les champignons, tel fut leur diagnostic.

Ils ont fini par manger, tout en s'appliquant à parler d'autre chose. Mais, j'en suis bien conscient, même si je fais la paix au Moyen-Orient, même si je décroche le Nobel de littérature, je resterai pour toujours à leurs yeux le minus qui a loupé le veau à la normande.

## XVI

## Très chère bagnole

Ah ! le Français et sa voiture, quel couple... Si l'on en croit les sondages, ils sont très nombreux à parler à leur automobile. Peut-être certains la préfèrent-ils même à leur chère moitié. Normal, ils n'ont pas de colossales pensions alimentaires à payer, pense tout de suite l'Américain que je suis. Naturellement, nous aussi nous aimons les belles carrosseries, mais sans pour autant nous transformer en kamikazes dès qu'on prend le volant.

Alors imaginez ma panique Place de la Concorde, un mardi à 17 heures. C'est la pagaille. On klaxonne, on s'énerve. Si seulement je pouvais progresser d'un petit mètre, je m'échapperais en empruntant le tunnel. Mais voilà que sur ma gauche une grosse Peugeot tente de me couper le chemin. En vrai parisien, je klaxonne un bon coup pendant deux ou trois secondes. Ouf, ça fait du bien.

Le chauffeur de la Peugeot baisse alors la vitre côté passager pour me lancer un regard dédaigneux. C'est un monsieur très vieille France, la soixantaine, cheveux coupés en brosse, un général à la retraite peut-être.

« Vous cornez, monsieur ? », me dit-il. « Vous êtes un sot. »

Rares, hélas, sont les moments d'élégance quand on ose prendre le volant en France et quelle surprise de voir les Français les plus sensibles, les plus instruits, les plus civilisés, ceux-là même qui pratiquent avec tant de raffinement l'art de la conversation se transformer en homme de Néanderthal dès qu'ils grimpent dans la Renault familiale.

J'ai dit « oser » car je n'ai jamais rencontré un compatriote (ou d'ailleurs un Anglais, un Suisse ou même un Italien) faire l'expérience de la place de l'Étoile vers 18 heures sans en avoir le souffle coupé. Non, pour conduire en France mieux vaut être français. Cela doit être génétique.

Chaque Français se félicite en son for intérieur d'être un excellent conducteur – sur le plan technique. Et ce n'est pas faux, car dans une semaine moyenne, un automobiliste parisien doit échapper à la mort subite deux ou trois fois (enfin ceux qui y échappent...)

C'est ainsi que, depuis l'invention de la roue, les Français se plaisent à s'entre-tuer sur la route et je ne crois pas que les bonnes intentions d'un président de la République proclamant la sécurité routière grande cause nationale, y changent quelque chose. Le score est de 8 000 morts bon an mal an, un record mondial. La vitesse, prêche-t-on constamment aux Français, tue. Tous mes amis français le reconnaissent volontiers, mais ce n'est vrai que pour les autres. En bon individualiste, chacun s'octroie une petite dérogation personnelle. Avec les meilleures raisons du monde, et c'est ça qui distingue le Français au volant des autres Européens. L'automobiliste français est le seul, ayant fait philo au lycée, qui soit capable de justifier ses excès de vitesse.

Un de mes amis, photographe de presse, s'explique avec une logique digne de Descartes : « Sur l'autoroute, le danger vient sans conteste des autres conducteurs. Si je prends le large en les laissant loin derrière, je conduis en sécurité. » Il fait donc du 160 chrono avec des pointes à 170 car il trouve toujours devant lui un importun qu'il est obligé de doubler.

Pour un Américain qui a docilement appris dès l'âge de seize ans à ne pas dépasser les 105 km/heure sur autoroute, ces vitesses paraissent démentes.

Autre argument qu'affectionnent mes amis français : on roule vite pour gagner du temps. Il y a des années, on m'avait assuré que si le conducteur français dépassait fréquemment les limites de vitesse, c'est parce que la semaine de 39 heures l'empêchait de passer assez de temps en famille.

Voici une rapide illustration de cette théorie. Pour regagner sa résidence secondaire en Haute-Normandie à la fin d'une semaine éprouvante, un de mes amis parisiens, Bernard, quitte la capitale avec sa famille à 19 h 30 et fait du 150 à l'heure sur l'autoroute de l'Ouest. Comme tout le monde, quoi. Soit une heure pour gagner sa maison de campagne et arriver pile à la fin du journal télévisé de Claire Chazal, c'est-à-dire, à 20 h 30.

S'il se contentait de rouler comme un plouc à 130, la limite légale, il n'arriverait qu'à 20 h 39, une perte de neuf minutes sur le trajet. Ce gain de temps précieux lui permet de regarder en toute quiétude l'intégralité des pubs qui suivent la prestation de Madame Chazal. Y a pas photo comme on dit sur TF1 ! Avec l'instauration des 35 heures, on aurait pu penser que Roger se permettrait une certaine sérénité sur la route, mais depuis, il a lui aussi adopté la logique sécuritaire pour gagner la tête du peloton. Ce qu'il y a de bien avec les Français, c'est qu'ils trouvent toujours une raison d'avoir raison.

Et comme le Français est démocrate, ses constructeurs automobiles ont fait en sorte que chacun puisse rouler à tombeau ouvert. Grâce à la mode des petits bolides Renault et Peugeot à moins de 10 000 euros, le punk de banlieue ou le prof de maths peuvent facilement dépasser les 160 dans une cinq chevaux fiscaux et jouer les « trompe la mort ». Faire trop attention sur la route, c'est « ringard », bon pour les trouillards. Au volant, le mâle français – gâté depuis le berceau par sa maman, sécurisé par l'État-providence, soigné grâce à la Sécu, engraissé par son épouse – peut enfin prendre des risques... La route dernier refuge du machisme. Et puis, merde ! L'employé de bureau devient *L'Homme de Rio*. Le cadre de La Poste se transforme en Alain Prost. Le pharmacien se faufile sur l'autoroute tel Jean-Claude Killy sur la pente.

Difficile d'ailleurs pour l'œil non averti d'un Américain de deviner le chauffard qui se dissimule chez nombre de Français d'apparences placides. Un jour, après le déjeuner, j'ai eu la mauvaise idée de monter dans la berline d'un ami que je ne connaissais pas encore très bien mais qui avait l'allure d'un homme raisonnable. « Je te dépose près des Invalides, pas de problème. Viens ! », avait-il proposé.

Ce fut la chevauchée des Walkyries, mais sans la musique. Pour passer de première en seconde, il a écrasé l'accélérateur, tout en me parlant d'un projet de voyage en Polynésie. Je n'ai rien entendu, car il roulait toujours en première et le moteur rugissait. Puis vint le débrayage que je redoutais. Il lâcha brusquement le champignon provoquant une embardée subite. Ma tête fut projetée vers l'avant, comme celle d'un de ces mannequins de crash-test. Je voyais déjà des étoiles, des bleues, des jaunes... Mais la ceinture de sécurité me sauva.

Nous roulâmes longtemps en seconde, mon chauffeur étant fort occupé à allumer la première cigarette du trajet. Je remarquai d'ailleurs que sa voiture ressemblait à un cendrier géant. Volant et cigarette dans une main, faisant de grands gestes avec l'autre pour ponctuer son discours, il me fit néanmoins une belle démonstration de ses prouesses. Vers la Motte-Picquet, il inséra cavalièrement sa voiture entre deux autos, au risque d'arracher ses rétroviseurs et je me trouvais presque nez à nez avec l'un des conducteurs qui esquissait un bras d'honneur. Un peu plus loin, il fit reculer un camionneur qui débouchait sur la droite, et se croyait, l'innocent, prioritaire. Dans notre sillage, s'élevait une cacophonie de klaxons furieux. (« Des cons ! » commenta mon ami.) Arrivé finalement au feu rouge Place de l'École militaire, il freina si tardivement qu'on faillit envoyer à l'hôpital une brave dame qui traversait sur les clous. Aux Invalides, je descendis et remerciai Roger en poussant un « ouf » silencieux.

C'est lors d'un voyage aux États-Unis que je me suis rendu compte à quel point les Français diffèrent des Américains sur la route. Je m'étonnais de voir combien les autochtones conduisaient leurs véhicules lentement. C'était comme si un cinéaste avait filmé la circulation à Paris puis passé la pellicule au ralenti. Bizarre. La limite en ville est 50 à l'heure, et ces Américains roulaient à 50 à l'heure, pas plus. On aurait dit qu'ils étaient tous sous l'effet d'un somnifère. Les rues semblaient divisées en allées, avec leurs traits de peinture blanche sur la chaussée. Encore plus curieux, les autres automobilistes gardaient consciencieusement leurs bolides à l'intérieur de ces lignes. Lorsque l'un d'entre eux désirait changer d'allée, il mettait le clignotant pour le signaler puis il effectuait la manœuvre.

Dans les villes françaises, comme Paris, on remarque parfois ces mêmes traînées de peinture blanche le long les rues. À quoi servent-elles ? On se le demande parfois. Comme les automobilistes les ignorent superbement, je les ai longtemps prises pour des vestiges de l'astronome Arago.

Autre phénomène, le chauffeur qui s'arrête ou même ralentit est moralement en tort, sous prétexte qu'il dérange. Il fait de la peine à celui qui est derrière, lequel sera lui aussi obligé de se fatiguer à chercher la pédale de frein. Si jamais on acceptait les carambolages comme sport olympique, les Français rafleraient toutes les médailles. Un jour où je contemplais béatement l'harmonie de la place du Panthéon je vis un conducteur freiner un peu brutalement pour se garer. Le motard qui le suivait de trop près lui est carrément rentré dedans. Éjecté de son siège, il a atterri sur le toit de la voiture, heureusement plus surpris que blessé. Fou furieux, il s'est mis à donner des coups de poing sur la carrosserie de la voiture. L'automobiliste, préférant je pense ne pas affronter le motard hystérique, repartit sans sortir de son véhicule. Je n'étais pas le seul témoin. Il y avait aussi un agent de police qui montait la garde devant la résidence de Jean Tibéri, alors maire de Paris.

« Et toi, alors, tu ne fais rien ? Il s'en va et tu laisses faire ? Comme d'habitude, la police s'en fout ! », lâcha l'homme à la moto. Apparemment, il aurait aimé que le conducteur de l'auto soit verbalisé pour usage abusif du frein.

Mais ne noircissons pas excessivement l'automobiliste français : il y a pire. Le piéton français, par exemple. C'est un crétin, un farfelu, un nul, un bac moins cinq. Traverser la rue au feu rouge ? Jamais ! Pendant le feu rouge le piéton a bien autre chose à faire. Discuter par exemple avec un ami au bord du macadam et avoir le dernier mot, puis quand le feu vient de passer au vert, se lancer, tel un lapin qui aperçoit des chasseurs, obligeant quatre files de voiture à freiner à mort.

N'oublions pas aussi les piétons du troisième âge, du genre « je suis dans mon droit » qui font des gestes impérieux vous sommant de les laisser passer alors que vous êtes déjà arrêté. Ou les emmerdeurs qui s'arrêtent, quand on freine gentiment pour les laisser traverser un passage clouté, au beau milieu pour chercher un stylo dans leur poche, dégainer leur portable, ou noter une pensée profonde. L'antagonisme entre motorisés et « à pied » est tel qu'on se bat pour chaque centimètre de bitume. Un chauffeur de taxi, expert en la matière, m'a même garanti qu'il voyait régulièrement de jeunes mères de famille qui, pour intimider les automobilistes trop pressés, avançaient dans les passages cloutés la poussette en avant, sûres d'être protégées par leur bébé devenu otage.

Cela dit, l'étranger ne cesse de s'émerveiller en regardant le pas de deux que dansent automobilistes et piétons sur le macadam urbain. Du grand art, façon corrida : le piéton s'insurge pour obliger l'automobiliste à ralentir. Ce dernier, rechignant à freiner, change de cap, mais à peine. Le piéton

– son honneur est en jeu – refuse de reculer. Le chauffeur, soucieux du permis à points, calcule précisément les deux trajectoires. Et hop ! Le bolide passe à quelques millimètres de l'homme qui esquisse une légère rotation du buste. Et tous deux continuent leur chemin. C'est fini, bravo ! Un magnifique ballet... qui tue tout de même un millier de piétons par an.

# XVII

## Sa Majesté la caissière

Après une dizaine d'années passées dans votre pays, je finis par croire que pour vous, le bonheur c'est un pays rempli de fonctionnaires et de...caissières. Je ne sais pas si vous l'avez remarqué mais l'Hexagone fourmille de caisses et chacune est un véritable royaume.

Prenez, par exemple, la Grande Épicerie du Bon Marché à Paris. J'ai besoin de *pancake mix,* ce produit qui permet au mâle américain le moins doué en cuisine de réaliser ces crêpes anglo-saxonnes qui pèsent des tonnes et s'accompagnent d'œufs et de bacon. Histoire de préparer un brunch pour mon groupe de bridgeurs. Depuis longtemps ils me réclament un repas « exotique » made in USA. Pas de problème, cette épicerie propose trois genres de *mix.* J'en sélectionne un.

Au passage, je remarque au rayon pâtisseries des cannelés, ce délice bordelais. Je fais la queue – c'est samedi – pour en acheter, toujours pour mes bridgeurs.

« Vous pouvez passer à la caisse », m'informe la vendeuse. Sur le comptoir, mon sac de cannelés m'attend, et je tends ma boîte de *pancake mix,* pour payer tout à la fois.

135

L'idiot ! Encore une fois, j'ai oublié. Je ne suis pas aux États-Unis, paradis du consommateur. Je suis en France où consommer implique souvent un parcours du combattant. Il n'est, ça va de soi, pas question de régler ce sacré *pancake mix* à cette caisse-ci. Madame la Caissière du rayon pâtisseries, offusquée, me regarde comme si je lui avais fait une proposition indécente.

« Ah, non ! Vous payerez ça aux caisses centrales, monsieur. »

Hébété, je me traîne jusqu'au poste indiqué où il faut encore attendre une dizaine de minutes.

Quand je me plains devant mes amis français de cette via dolorosa des caisses multiples, ils se moquent de moi. « T'as rien compris ! », me dit un copain informaticien. « Faire la queue à la caisse, c'est inscrit dans notre patrimoine génétique. » Peut-être, mais je crois surtout que la survie de l'économie française repose sur la sauvegarde de chaque caisse, comme de chaque bureau de poste et, en province, de chaque trésorerie principale. Lorsqu'un ministre des finances évoque la retenue à la source des impôts sur le revenu, c'est pour la forme, car il sait bien que les touts puissants syndicats vont rejeter le projet, sans même en discuter. Peu importe que les autres grands pays industrialisés aient déjà accepté cette solution fort efficace, les Français ne voient là qu'un complot diabolique destiné à supprimer des caisses. Ayant perdu il y a vingt-cinq ans la bataille des poinçonneuses du métro parisien, les syndicats ne reculeront jamais sur le front des caissières.

Mais revenons à nos grands magasins. Depuis quelques années seulement, ils nous font la faveur de payer la plupart des achats à une même caisse, grâce à l'étiquetage électronique. Je dis bien, la plupart. L'attente n'en est pas pour autant réduite.

Je me souviens d'un jour où, ayant besoin de tissu pour la fenêtre de ma cuisine, j'avale, instruit par l'expérience, une bonne poignée de calmants et me rends dans cette salle des supplices qu'on appelle le quatrième étage du BHV, rue de Rivoli. Ici, c'est l'apogée du Taylorisme à la française, avec le marquis de Sade en maître des cérémonies. Le royaume de l'inefficacité érigée en système pour torturer le client à petits feux.

Premier épisode : même si vous trouvez tout seul comme un grand l'étoffe en quantité et qualité requises, l'achat ne peut se faire sans l'intervention d'une vendeuse. Pourquoi? Celle-ci est la seule détentrice des précieux bons de caisses qui permettent d'acquérir la marchandise. Naturellement, elle ne les délivrera qu'après avoir servi les autres clients, puis examiné et mesuré l'article. Jusqu'ici, ça va encore à peu près.

Deuxième séquence : devant la caisse, muni du précieux bon. Nous sommes nombreux à cette étape du chemin de croix, chacun muni de son viatique ou d'un article déjà étiqueté. Quand arrive mon tour, la caissière découvre une anomalie dans mon bon. « Il faudra voir ça avec la vendeuse. Dites-lui qu'elle s'est trompée, le numéro sur le bon ne correspond pas, on ne prend plus ces numéros, nous. »

Par « nous » elle entend le clan des caissières, à ne pas confondre avec celui des vendeuses.

À moi donc d'accuser une vendeuse du BHV de faute professionnelle? J'en ai déjà la main qui tremble, me voyant traîné en justice par la CFDT. Les calmants n'y font rien. Est-ce que je tiens vraiment à ces rideaux?

Troisième temps avec celle qui est maintenant « ma » vendeuse. Elle est bien sûr occupée avec un autre client, et je patiente de longues minutes. J'aperçois sur la table mon tissu bien emballé. Si seulement j'avais le courage de m'en emparer et de quitter les lieux en courant.

« Mais, non, dites-lui qu'elle n'a rien compris », éructe ma vendeuse, enfin disponible. Comme tout porteur de mauvaises nouvelles, je ne sais plus où me mettre. Elle confère un instant avec deux de ses collègues qui abandonnent volontiers leurs clientes pour taper sur le dos de ces caissières « vraiment pas possible ». En définitive, on me confie un nouveau bon de caisse, sans aucune explication. Je ne suis qu'un pauvre messager perdu dans une querelle de famille.

Quatrième rebondissement. Cette fois, je m'arrange pour éviter la première caisse au cas où il s'agirait d'une antipathie notoire entre ces deux femmes. Dans cette confrontation, je penche d'ailleurs légèrement en faveur des vendeuses, allez savoir pourquoi, et je ne voudrais pas assister au triomphe de la caissière toute fière d'avoir obtenu un autre bon de caisse. La nouvelle accepte le papier sans mot dire. Quel soulagement ! Je vais enfin payer. Mais ce n'est pas fini.

Cinquième étape, cette fois-ci pour l'ultime formalité qui consiste à montrer mon ticket de caisse et à prendre possession de mon bien. Mes sympathies pro-vendeuses s'évanouissent en apprenant que la mienne est partie pour sa pause et que mon paquet est introuvable. Je suis prié de patienter « quelques petites minutes » ou d'en profiter pour faire d'autres achats.

Après un bon quart d'heure, « ma » vendeuse revient. Elle a une brève explication avec ses collègues, car elle avait placé mon tissu dans un endroit que les autres auraient dû deviner. En tout cas, elle me donne mon paquet en souriant, et je m'en vais avec la ferme intention de ne plus mettre les pieds dans ce lieu de toutes les horreurs, ce bazar de toutes les attentes – pas avant la prochaine fois.

# XVIII

## C'est pas ma faute

À son arrivée en France un Américain est toujours saisi d'admiration devant ces Français si sûrs d'eux, si sûrs d'avoir toujours raison. Et puis, l'expérience venant, le visiteur découvre l'explication de ce phénomène : un Français n'accepte jamais d'avoir tort.

Reconnaître ses erreurs dans ce pays, c'est perdre la face, subir une humiliation, tomber en disgrâce. Avouer une faute ? Il ne saurait en être question. Ce serait admettre qu'on est un parfait crétin. Un exemple fréquent ? Le Français qui se trompe de numéro de téléphone préfère raccrocher, plutôt que s'excuser.

Pour nous autres Anglo-saxons, ce comportement apparaît paradoxal, venant d'un peuple excessivement poli dans les magasins comme dans la rue où le moindre contact physique entraîne un « Pardon » quasi automatique.

Chez nous, une lady ou un gentleman sait avouer son erreur et dire « *I'm sorry* » (je regrette). Dans une entreprise américaine, on se bat même parfois pour assumer un échec, histoire de montrer qu'on est conscient de ses responsabilités et surtout *team player* (qu'on a l'esprit d'équipe). En

France, au contraire, ce genre d'attitude ne ferait qu'aggraver la situation. Il est donc conseillé de l'éviter.

Au cours de la campagne présidentielle de 2002, quand Lionel Jospin, après avoir lâché une petite phrase maladroite sur l'âge de Jacques Chirac, se comporte ensuite en gentleman et fait amende honorable – «Cela ne me ressemble pas», explique-t-il – la sanction des électeurs ne se fait pas attendre : une baisse de quatre points dans les sondages.

On peut aussi évoquer le fauteuil vide d'un Valéry Giscard d'Estaing dramatisant sa sortie, pour éviter de s'expliquer. Cette incapacité à avouer une faute s'observe dans tous les domaines. Il y a quelques années, j'avais acheté une baignoire sabot (pour le studio de mon fils) dans un Leroy-Merlin de la banlieue parisienne. Pour éviter le délai de livraison, j'avais loué une camionnette.

«Votre baignoire est un excellent modèle», m'avait affirmé le jeune qui m'avait fait signer la facture. Arrivé chez moi l'installateur m'apprend qu'on m'a livré une baignoire sans pieds. Je l'avoue, jusque-là, j'ignorais tout des pieds de baignoire.

Le lendemain, retour chez Leroy-Merlin où, sans m'énerver, j'explique mon cas. Derrière son comptoir une jeune dame me regarde avec méfiance. Peut-être suis-je un de ces fameux arnaqueurs qui font fortune avec des jeux de pieds de baignoires volés ? Après une petite pause pour un appel perso sur son portable, elle daigne inspecter ma facture.

«Vous avez bien signé que vous aviez reçu le matériel, n'est-ce pas ?»

«Mais je ne savais pas qu'il fallait des pieds...»

Elle ne m'écoute pas. Dans mon esprit, le personnel de Leroy-Merlin, qui aurait dû me donner d'office des pieds, était responsable de ce contretemps. Manifestement, pour cette employée je ne suis qu'un idiot de client, pas fichu de savoir qu'une baignoire a besoin de pieds. Le coupable, le fautif, c'est uniquement moi.

La vendeuse condescend finalement – après un deuxième appel perso – à regarder s'il n'existe pas un jeu de pieds excédentaire qui traînerait dans les rayons. Par hasard, c'est mon vendeur de la veille qui les apporte. Croyez-vous qu'il va s'excuser ? Pas du tout. Il se borne à grommeler un « fallait le demander en même temps ».

Normal, depuis le berceau, le Français apprend à refuser la responsabilité de toute faute, qu'elle soit légère ou lourde. Passé trois ans, le leitmotiv du petit Gaulois est : « C'est pas ma faute. »

Les vendeurs, qui se trouvent en première ligne, sont bien sûr les plus blindés, les mieux armés, quelle que soit la nature de la faute, industrielle, commerciale ou autre. Même les enfants ne leur inspirent aucune pitié : dans un Go Sport de la capitale, je remarquais l'autre jour un tout jeune garçon, presque en larmes, car le vélo reçu pour son anniversaire tombait déjà en miettes. Tout ce que le vendeur, restant de marbre devant ce juvénile désespoir, a trouvé à dire c'est : « Il fallait pas prendre ce modèle. C'est de la merde. » En lui en indiquant un autre, nettement plus cher.

Un échange entre la cliente d'un café de la place Maubert et le serveur m'a laissé encore plus perplexe. Avec un luxe de précautions, une jeune femme demande au garçon – c'est vrai plutôt du genre voyou en tablier blanc – si, par hasard, il n'aurait pas un peu de miel qu'elle pourrait mettre dans son thé, car elle souffrait d'un violent mal de gorge.

« On n'est pas dans votre cuisine », lui a répondu le serveur. Était-il simplement mal élevé ou seulement gêné par une requête qu'il ne pouvait satisfaire ? Je pencherai pour la seconde hypothèse, ayant maintes fois remarqué le ton sec et désagréable des commerçants auxquels on demandait un article qu'ils ne possédaient pas en magasin.

Parfois l'étranger déclenche inconsidérément ce réflexe anti-faute. À la caisse d'un Franprix, réalisant que la cliente qui me précédait était partie avec mon paquet de thé, je le fais remarquer à la caissière. Immédiatement, celle-ci se croit mise en cause.

« C'est pas de ma faute ! », réplique-t-elle, inquiète et de m'expliquer comme si j'étais le procureur de la République : « Au-delà du lecteur de code barres, c'est le client qui est responsable de ses achats. » Ah bon...

Rien de très surprenant, car le licenciement pour faute grave est la hantise des Français. L'idée d'être renvoyé du jour au lendemain, sans indemnités, c'est le cauchemar absolu. Par contre, dans l'Ohio comme dans les 49 autres États de l'Union cela arrive tous les jours.

D'où cette question existentielle : si quelqu'un commet une erreur en France, doit-on la lui signaler, au risque d'avoir l'air d'instruire son procès ? Un des vétérans de mon club de tennis est affirmatif : « Il faut se faire respecter. Sinon les gens te traitent comme de la merde. »

Quelques minutes plus tard, nous succédons sur le court à deux jeunes gens qui partent sans passer le filet, laissant la terre battue réduite à l'état de champ de bataille (genre Wagram).

Fort du principe énoncé par mon ami, je les arrête et leur demande en toute innocence : « Vous ne passez pas le filet ? »

« On n'a joué que cinq minutes, et de toute façon, on a trouvé le terrain comme ça », répond le moins gentleman des deux. Le ton monte et après quelques invectives de part et d'autre ils quittent les lieux sans la moindre excuse. À la fin de la partie, une prof de tennis me fait ironiquement remarquer que je lui ai paru « vraiment déchaîné ».

« Il faut se faire respecter », lui dis-je. Mais je crois avoir compris ce qu'elle sous-entendait. Accuser un Français d'une faute, cela ne se fait pas. Les deux tennismen auraient perdu la face s'ils avaient reconnu leurs torts. Et puis, ne m'avaient-ils pas expliqué que ce n'était pas leur faute si le terrain était ainsi saccagé.

Trouver des excuses est le sport favori des Français et cela demande énormément d'énergie. Quand Canal Plus a annulé l'émission « Hyper Show » de Frédéric Beigbeder, celui-ci a consacré son dernier show à chercher un bouc émissaire. Ce n'était ni sa faute ni celle de la chaîne mais celle du public qui n'était pas prêt à voir ce genre d'émission.

Ce refus d'avouer ses erreurs rend difficile, voire impossible pour un Français de changer d'avis. Ce serait admettre qu'il s'est trompé.

Dans ce domaine, mon ami Jean-Paul est un expert. Un jour, je lui rappelle qu'il avait prédit que la Russie retomberait dans le communisme. Nullement pris de court, il rétorque du tac au tac : « Sans l'aide américaine, ça aurait été chose faite. »

Un dimanche soir, on décide d'aller au restaurant. Je lui fais remarquer que celui qu'il a choisi est fermé le dimanche ; arguant de son excellente mémoire, mon ami maintient que le jour de fermeture est le lundi. Arrivés sur place, on peut lire sur le panneau « fermé le dimanche ».

« Ils ont dû changer depuis peu », explique Jean-Paul, pas le moins du monde démonté.

Je me tais. J'ai appris qu'un Français qui commet une erreur c'est un fauve qu'il vaut mieux ne pas provoquer.

# XIX

## Tous délinquants

Tout le monde le sait – même un Américain – la France est le pays de la liberté. Mais cette conception de la liberté recouvre parfois des formes qui laissent pantois l'innocent étranger. Il suffit de faire un petit tour dans le métro parisien pour s'en convaincre.

Le point de vente des billets ressemble généralement à un blockhaus de la Wehrmacht : l'État, apparemment incapable de faire respecter la loi, s'abrite derrière des vitres blindées. Curieux. Bien protégés, les agents de la RATP peuvent contempler, à loisir, les nombreuses infractions commises aux tourniquets. Ils se contentent le plus souvent de baisser pudiquement les yeux. Les barrières, simples passoires pour les fraudeurs, ne dissuadent, elles, personne.

Dans le couloir, un vieux mendiant, toujours le même, et sans une once d'agressivité tend la main. Depuis la IVe République à l'en croire. Et moi qui étais persuadé que la mendicité était interdite dans le métro.

Une fois sur le quai, fume qui veut. La loi Évin ? Elle n'est pas appliquée, en dépit des nombreux panneaux. Et quand, à la télévision, un journaliste demande une explication à un responsable de la police parisienne, la réponse est : « J'ai autre chose à faire. » Courageux. Aux États-Unis, un policier qui avoue à la télé qu'il se fiche de la loi, c'est du jamais vu !

Soyons juste, le voyageur parisien qui sait être raisonnable fume sur le quai, au besoin, mais pas dans les rames. Quand les contrôleurs piquent un fraudeur, les autres passagers – ceux qui sont en règle – manifestent une certaine curiosité. Est-il blanc ou pas ? Bien habillé ? Jeune ou vieux ? Mais ils évitent soigneusement de croiser le regard du coupable. Pas question d'avoir l'air désapprobateur. Dans d'autres pays comme l'Allemagne, le resquilleur serait immédiatement fusillé du regard car il menace l'ordre public. En France, non. Ici, c'est plutôt l'ordre public qui a mauvaise réputation. Et lorsque son représentant ose pointer son nez, il est de bon ton de le narguer puisque, pour de nombreux Français, il ne mérite pas le respect. La police c'est toujours un peu Vichy. Vous aimez les fraudeurs comme vous aimez ceux qui ont pris le maquis sous l'Occupation. Ce laxisme est peut-être la soupape indispensable à un peuple doté d'un grand passé révolutionnaire qui rejette l'ordre à l'anglo-saxonne.

Un de mes amis français m'a ainsi raconté la manière dont il avait traité les contrôleurs du métro. Sommé de payer une amende sur le champ car il voyageait à l'œil (ce qu'il ne contestait pas) : « J'ai jeté les pièces par terre. À eux de les ramasser ! », m'a-t-il dit tout fier.

Cet homme n'a pourtant pas du tout l'impression d'être un hors-la-loi, juste un citoyen ordinaire « harcelé » par les agents de l'ordre public. Surprenant de la part de quelqu'un de parfaitement intégré et qui, de surcroît, gagne très bien sa vie.

Vivant dans un embrouillamini de lois, quelquefois utiles, souvent inutiles, chaque Français s'arroge le droit de juger celles qui méritent d'être respectées. Même ceux qui déclarent un changement d'adresse à la police, traverseront la rue au feu rouge, nonobstant le mauvais exemple donné aux enfants. De même, des jeunes frauderont en faisant acheter une télévision par un copain qui paie déjà la taxe audiovisuelle. Sans le moindre sentiment de culpabilité.

L'explication de ce comportement incompréhensible pour qui n'est pas né gaulois est qu'ici on distingue entre « Interdit » et « Formellement interdit ». Encore faut-il être capable de faire la distinction. C'est un travail à plein temps, doublé d'une réflexion morale pratiquée sans relâche, week-ends et fêtes inclus. Tous ces efforts apparaissent ridicules aux étrangers. Les Français, de leur côté, n'ont que mépris pour les gens, en particulier ceux du Nord qui, faisant preuve d'une incroyable paresse mentale, respectent les lois comme des robots.

Un Français consacre beaucoup de temps à demander des indulgences. Flânant dans mon quartier, j'ai remarqué que pas mal de voitures en stationnement avaient des petits cartons écrits à la main pour expliquer pourquoi le propriétaire ne payait pas. Par exemple :

« Véhicule en entretien »
« Véhicule en panne »
« En travaux au numéro 17 »
« Véhicule en cours d'obtention d'une carte de stationnement résidentiel »

Mais il arrive qu'en dehors de l'Hexagone le Français se retrouve piégé par son comportement libertaire. Un étudiant parisien venu faire ses études dans l'État de Washington n'en est toujours pas revenu : un policier lui a fait payer une amende pour le « crime » de *jaywalking*, c'est-à-dire de traverser la rue au vert. « Mais il n'y avait pas le moindre véhicule à l'horizon ! », a-t-il protesté. En vain. Un conseil, aux États-Unis, chers amis français, soyez prudents : respecter *toutes* les lois. Because *a rule is a rule* (une règle est une règle comme on dit à Columbus) et pas une simple suggestion.

Alors, forcément, à mon arrivée en France, en achetant mon téléphone, j'ai fait très attention à prendre le modèle avec la petite étiquette verte mentionnant « agréé par le ministère des télécommunications ».

« Bof » m'a répondu une copine française. « Tu peux prendre n'importe lequel, tu sais, ils marchent tous pareil. »

J'étais tenté de suivre son conseil, car les téléphones munis de la fameuse étiquette, vendus dans les boutiques France Telecom, coûtaient plus cher. Mais en bon Anglo-saxon, je suis resté dans la légalité, quitte à faire ricaner mon amie. Quelques mois plus tard, l'*Express* révélait l'arnaque : le seul organisme autorisé à accorder les agréments appartenait à... France Telecom.

Autre exemple d'impunité qui nous stupéfie tous les jours, le traitement réservé à votre classe politique.

Le cas Mitterrand a laissé abasourdis les journalistes américains en poste à Paris au début des années 1990. Un président de la République fait un enfant à sa maîtresse et personne n'en parle. Chapeau ! On enviait votre largeur d'esprit.

C'est l'autre volet de l'affaire Mazarine qui laisse sans voix les observateurs américains. La maîtresse du président de la République logée dans un appartement appartenant à l'État ? Voyageant avec lui aux frais du contribuable ? Et cela ne fait pas scandale ? Incroyable ! Imaginez le président des États-Unis dans une semblable situation, se servant des caisses de l'État comme si c'était sa tirelire personnelle. Il serait contraint de démissionner pour corruption dans la semaine. Sans parler des célèbres « ballets d'hélicoptères » chaque week-end, dont Tonton était si friand. En comparaison, le résident de la Maison Blanche est sous haute surveillance. Tout déplacement à des fins électorales est facturé à son parti.

Pour expliquer la tolérance française, on nous explique que les électeurs considèrent un peu le chef de l'État comme l'héritier de la monarchie et lui accordent à ce titre certains privilèges. Dont acte. Impunité pour le président, comme pour ceux qui sautent les tourniquets du métro.

Finalement ce qui en France étonne l'étranger, ce n'est pas tant le degré de corruption que la résignation du Français moyen face à ce phénomène. Comme s'il s'agissait d'une fatalité. Il tolère les magouilles des grands de ce monde comme les petites libertés prises avec la loi par la France d'en bas, car lui aussi en profite, à l'occasion. On paie un dessous de table pour l'achat d'un appartement ; des avocats, soumis à la TVA, accordent une ristourne si on les règle en espèces ; des policiers font réparer leurs bagnoles personnelles par le garage de service. Sans oublier tous les artisans qui travaillent, au moins en partie, au noir.

Et puis il y a ces quatre millions de PV non payés chaque année, symboles de la résistance contre le pouvoir de l'État. Dans cette République, on encourage une politique pro-voitures pour gonfler les bénéfices de la Régie et ensuite on distribue des amendes aux pauvres conducteurs qui aimeraient tant pouvoir stationner légalement. Après mûre réflexion, de nombreux Français optent tout naturellement pour le non-paiement du papillon, dans l'attente d'une amnistie présidentielle – ce vestige de l'époque monarchique. Un beau jour, les sans-culottes vont marcher sur le centre de Rennes où sont stockés dans un coffre-fort les 16 millions de PV des trois dernières années...

En attendant, un soir, sans faire attention, je gare mon auto devant une porte cochère sur le quai de Montebello. À mon retour, plus de voiture ! J'entre dans la crêperie d'en face pour me renseigner. On l'a enlevée, m'informe le tenancier. Loin de me traiter comme le coupable que je suis, ce monsieur me fait comprendre que le résident de l'immeuble qui a eu recours à la police est un goujat, un antisocial, un « malade » au sens mental du terme. Celui qui a enfreint la loi, moi en l'occurrence, est un individu respectable ; mais celui qui la fait appliquer est un scélérat. Après l'avoir remercié pour sa solidarité, j'ai pris un taxi en direction de la fourrière.

À l'instar de nombreux Anglo-Saxons, j'ai du mal à comprendre le laxisme des Français. Ce pays n'a rien d'une société désordonnée à la manière italienne. Il y a des institutions, des services qui marchent. Mais comme l'a écrit Montesquieu : « Les lois inutiles affaiblissent les lois nécessaires. »

Et si cette tolérance était amenée à diminuer ? Les Français en tout cas sont de plus en plus nombreux à exprimer un certain ras-le-bol face au laxisme de l'État. Et voici que soudain un nom a surgi, tel un lapin sorti du chapeau d'un magicien, Rudy Giuliani (l'ancien maire de New York). Dans la presse écrite, à la télévision, dans les discours des hommes politiques, on ne parlait plus que de Saint Giuliani et du succès de sa politique de « tolérance zéro » qui a réussi à faire baisser la criminalité dans la grosse pomme.

Mais avec l'abîme qui sépare nos cultures en matière de lois et de règles, avec les réticences historiques des Français devant le recours aux forces de l'ordre (et surtout la délation) je souhaite bien du courage au ministre de l'Intérieur français s'il veut faire du Giuliani.

# XX

## L'amour, toujours

Mais comment les Français arrivent-ils donc à se reproduire dans un pays où rencontrer une personne du sexe opposé est toute une affaire. Combien de fois ai-je entendu cette question : « Tu n'aurais pas quelqu'un à me présenter ? » J'ai un peu l'impression que chez vous les présentations se font encore comme au XIXᵉ siècle.

L'exemple de Dominique, une Parisienne qui frise les 35 ans, illustre cette difficulté. Elle a fait de solides études et travaille dans le secteur bancaire (pas derrière le guichet). Dominique, précisons-le, n'est pas Laetitia Casta, mais elle n'est pas mal non plus. Envoyée à New York pendant quatre ans par sa société française, elle a adoré cette ville qui n'est pourtant pas la métropole américaine la mieux profilée pour se faire des relations. Depuis son retour à Paris, la jeune femme déprime, elle se sent isolée.

« À New York, tout était si facile. Chaque week-end, il se passait quelque chose. On n'avait qu'à choisir. Ici, au bureau, il y a des clans et on se retrouve vite casé dans une catégorie ou une autre. Interdit ensuite d'en changer. Chacun rentre chez soi en fin de journée et c'est terminé. » Dominique a gardé contact avec ses amis américains qu'elle revoit lors de leur passage à Paris mais, surtout, il y a l'Internet.

Le Minitel, puis l'Internet et plus récemment les textos volent au secours de toutes les solitudes et permettent à de nombreux Français de se rencontrer. Sollicité par *Newsweek* pour faire un article sur ce phénomène, je m'y suis attelé. Grâce à un service du Minitel qui prétendait localiser la partenaire de mes rêves, je suis tombé sur «Idris», probablement un pseudonyme. Nous avions un taux de compatibilité de 98 % assurait la machine. Mais Idris ne répondit jamais à mon message, se refusant apparemment à lier nos destinées.

Pas grave, juste après apparut «Audy» qui se disait «gentille, sensible et désireuse de partager les choses de la vie». Hélas, elle aussi a déguerpi, prétextant que sa maman était souffrante. La suivante s'appelait «Sylvie» et elle était à la recherche de son «double anatomique». Intrigué, j'ai demandé à quelques amis français le sens de cette expression. N'ayant pas eu de réponse claire et nette, c'est moi qui ai abandonné la belle à son étrange quête.

C'est alors que j'ai trouvé le grand amour en la cyber-personne de «Béby». Nous n'avions que des affinités, y compris la cuisine mexicaine et les vieux films en noir et blanc. Je voyais déjà l'avenir en rose avec la belle à mes côtés. Notre roman dura presque une semaine, jusqu'au jour où Béby m'informa qu'elle avait 19 ans. Gloups! Quand elle m'a demandé mon âge, j'ai répondu non sans un certain flou chronologique «plus de quarante». La réponse ne tarda pas : «Merci pour ta franchise. Tchao.»

Il fut un temps où les Américains trouvaient en France un havre de liberté, loin de notre sévère puritanisme. À Columbus, il était interdit pour un couple non-marié de prendre une chambre d'hôtel. Un copain américain se souvient encore avec émoi de la première fois où il a fait monter une Française dans sa chambre à Paris. Il était terrorisé à l'idée de la réaction du personnel, mais la seule question qu'on lui a posée à la réception était : fallait-il un ou deux petits déjeuners pour le lendemain ? « Ce jour-là, j'ai béni le peuple français », m'a-t-il dit.

Autres temps, autres mœurs. La révolution sexuelle a eu lieu aux États-Unis aussi et les choses ont changé, même dans l'Ohio. En Californie, par exemple, il n'est pas rare, m'a-t-on dit, qu'une femme accorde une fellation avant même le premier baiser. Sur le terrain de la libération des mœurs, je ne sais pas qui est gagnant mais il paraît évident que les Français gardent une bonne longueur d'avance dans la recherche d'un équilibre des relations entre hommes et femmes. Quelle admirable complicité entre les deux sexes, aussi bien en amitié qu'en amour !

Même mariés, les Français arrivent à garder leur propre personnalité. Aux États-Unis par contre, un couple est trop souvent prisonnier de son statut officiel. Ce sont *Mr. and Mrs.* un point c'est tout.

En France, on ne fait pas du premier coup d'œil la différence entre épouses et célibataires. À l'inverse, dans la plupart des pays européens, vous distinguez tout de suite celles qui sont hors concours, comme si était inscrit sur leur front : « Pas de badinage pour cause de mariage. » Chez vous, toutes les femmes rayonnent d'une disponibilité sous-jacente qui les rend attractives. C'est incroyable !

Les jolies femmes n'ont pas le monopole du sex-appeal : le jeu est ouvert à toutes. C'est la première constatation de n'importe quel mâle américain fraîchement débarqué sur le sol français. Max, un de mes amis avocat à Chicago, venu en vacances à Paris, le remarquait dès son arrivée : « Ici, même les moches ont quelque chose. » Cela explique peut-être pourquoi on ne détecte pas chez les Françaises cette agressivité anti-mâle qu'on rencontre si souvent en Amérique. Là-bas, pour séduire et s'amuser il faut être « belle et blonde ». Alors toutes les autres, les brunes, les rousses, les jolies, un peu, beaucoup, ou pas du tout, en veulent forcément aux hommes.

Autre particularité constatée dans l'Hexagone, la sexualité est au service de tous, librement, sans contrainte. Catherine

Pégard journaliste au *Point*, nous montre chaque semaine ses belles jambes haut croisées et un petit bout de cuisse. C'est une façon agréable, mais pas vraiment indispensable, d'attaquer la lecture de ses *Carnets*. Une telle photo serait totalement « inappropriée » dans une Amérique obsédée par l'égalité des sexes.

Encore plus surprenante est la tolérance des Françaises vis-à-vis de leurs mecs. Ils ont tous les droits les mâles français. À diplômes égaux, ils gagnent plus que les femmes. (Dans 5 % des foyers seulement, l'épouse a un salaire plus élevé contre presque 15 % aux États-Unis.) En famille, sans la moindre culpabilité, ils laissent encore tout faire à leur moitié (même si elle aussi travaille) qui est à la fois mère, femme de ménage et caporal-chef des finances domestiques. Sans oublier d'assumer son rôle de maîtresse en titre, au sens purement sexuel.

Rares sont, en effet, les Françaises qui se sentent offensées si leur amoureux leur demande de mettre un porte-jarretelles. Aux États-Unis, une telle proposition s'attirerait une réponse sèche du genre : « Pourquoi ? Je ne suis pas attirante sans ce truc-là ? » Une Française, pas nécessairement parisienne, semble comprendre instinctivement qu'entre une femme qui porte des talons et la même en baskets, il y a un monde.

Merveilleuse Française ! Dans les pays arabes, les femmes sont peu disponibles et il faut se méfier des frères, des pères et des oncles qui agissent en farouches protecteurs. En Italie, une fille de bonne famille, souvent pudique, refuse certaines pratiques qui sont « pour les putes ». Quant aux Allemandes, faire l'amour est presque une opération d'hygiène publique, et elles se déshabillent comme si elles étaient chez le médecin. En France, changement de décor, une femme bien élevée ne dit jamais non, surtout si elle se croit aimée. De plus, contrairement à ses sœurs américaines, une femme hésitera à téléphoner à un homme pour un rendez-vous, laissant à l'homme le rôle de prédateur.

En revanche, il y a du progrès à faire dans certains domaines (du point de vue masculin) : couchez une seule fois avec une fille un peu traditionnelle, et elle comptera sur vous pour lui consacrer systématiquement *tous* vos samedis soirs. Et puis, quand vous téléphonez à une copine après un ou deux petits mois de silence, elle semble bizarrement distante. Dans ce cas, il faut recommencer à zéro : dîners, soirées, spectacles... La Française pardonne tout, sauf le silence.

Traditionnellement sexy, la Française n'est cependant pas une obsédée du mariage. Ici, 42 % des enfants sont nés de parents qui n'étaient pas passés auparavant devant Monsieur le Maire, un classement qui situe la France juste derrière les pays scandinaves, réputés pour leurs mœurs progressistes et bien loin devant les États-Unis (33 % seulement, chiffre en partie dû aux ghettos noirs) et l'Allemagne (23 %).

Cette liberté de mœurs s'accompagne pourtant de comportements archaïques dont le harcèlement sexuel qui n'est pas une pure invention des féministes américaines. Est-ce parce que le monde du travail n'est – heureusement – pas devenu un lieu complètement asexué comme aux États-Unis ? Si certains patrons en sont encore à utiliser la promotion canapé, ce serait à en croire les Don Juan gaulois, parce que bien des Françaises croient pouvoir gérer la situation, ou plus simplement, ne seraient pas mécontentes de profiter encore de leurs atouts féminins.

Les mâles français, eux, sont assez faciles à classifier. Il n'en existe que deux espèces : le romantique et le séducteur.

Le romantique tombe amoureux une fois par semaine lorsqu'il a vingt ans, une fois par mois vers la trentaine et, passée la quarantaine, une fois par an. Plus tard, usé par la vie et d'inévitables échecs, son romantisme fleur bleue s'estompe, et il commence à se préoccuper de sa retraite ou de ses perspectives d'héritage du côté d'un oncle lointain.

Le séducteur, en revanche, fidèle à son style, a un parcours plus constant. En voiture, il conduit de façon « relax », le bras gauche à la fenêtre, cigarette aux lèvres. Il se permet d'arriver en retard à ses rendez-vous, sans même s'excuser. Quand il parle à une femme, il n'a peur de rien : il roucoule, provoque, taquine, il est sûr de son coup ; par contre, inutile de le prendre comme confident, il ne sait pas écouter. Au lit, c'est le mâle triomphant dans toute son horreur, même si, depuis quelques années, il subit la concurrence des sur-hommes en provenance du Tiers-monde. Ce Don Juan n'a qu'une crainte : tomber amoureux. Dans ce cas, il risque de devenir dépendant.

Quel que soit leur tempérament, les Français ont un atout incontestable : ils sont les héritiers d'une longue tradi-tion de mâles entraînés à dénicher les femmes disponibles comme des truffes. Une amie parisienne m'a ainsi raconté comment l'un de ses invités lui avait passé un « coup de télé-phone de château » pour la remercier d'un dîner organisé chez elle. En fait de remerciements, il a habilement tiré d'elle un maximum de renseignements sur les autres convives, y compris sur une certaine célibataire qui ne tarda pas à devenir sa maîtresse. « Finement joué, j'ai admiré la manœuvre », m'a confié l'hôtesse.

Mais ces séducteurs ont quelquefois un drôle de compor-tement. Dans mon groupe d'amis, il y avait Guy et Marie-France qui vivaient en union libre depuis plus de quatre ans. Comme tous les couples, ils avaient leurs habitudes en matière d'intimité. Chez eux, c'était la transparence poussée au plus haut (ou bas) niveau : ils ne fermaient par exemple jamais la porte des toilettes. Rien ne devait être dissimulé à l'autre. Puis leurs rapports se sont détériorés et Marie-France a fini par avoir une aventure qu'elle n'a pas cachée à Guy. Ce dernier m'a raconté par la suite que sa première pensée n'avait pas été que sa compagne avait fait l'amour avec un autre homme, mais qu'elle aurait pu pratiquer avec lui aussi « la porte ouverte ». Quelques semaines plus tard, il a osé poser la question et Marie-France l'a totalement rassuré sur ce point. Leur couple était sauvé.

Puisqu'on parle de rupture, j'ai remarqué que dans l'ensemble les Français, hommes et femmes confondus, réagissaient avec une certaine élégance lorsqu'ils se faisaient larguer. Cela fait partie de la vie, même si parfois c'est vraiment très, très dur. Et dans ce cas, contrairement aux Américains, ils ne courent que rarement chez leur psy.

L'étranger a parfois l'impression qu'en matière de relations amoureuses les Français préfèrent un certain flou. Quand ça ne va pas trop mal, on évite d'examiner les choses à la loupe, à la manière clinique des Anglo-Saxons. Dans les débuts de la pandémie du SIDA, une question se posait : le préservatif était-il nécessaire pendant le sexe oral. En principe, oui. Mais la plupart des Françaises – y compris une amie qui avait une relation avec un médecin spécialisé dans le traitement du Sida – s'y opposaient. *Le Monde* a publié un ou deux articles à ce sujet mais sans jamais trancher. Finalement, c'est dans les pages de *Marie-Claire*, qu'on pouvait découvrir l'approche la plus simple : éviter de se brosser les dents avant, pour ne pas faire saigner les gencives. *Very French*, comme on dit à New York.

# XXI

## Appelez-moi monsieur le Président

Aux États-Unis, chacun le sait, deux choses nous manquent : le boudin et les usages. Ils ne font pas partie de notre quotidien. Surtout le boudin *totalement* absent de nos tables. Quant aux bonnes manières, nous avons beaucoup de retard.

Notre président, il est vrai, se fait appeler *Mister President*. Mais on conçoit qu'un homme capable de zigouiller les deux tiers de l'humanité en appuyant sur un seul bouton puisse jouir de certains égards. Pour interpeller un Américain moyen, nous utilisons un simple *« Hey, you... »* (Hé, vous...) ou alors nous avons recours à l'universel *« Hi »* (salut). Les seuls qui disent *« Mister »* chez nous, ce sont des touristes français qui ont dû dormir au lycée pendant les cours d'anglais.

D'où ma difficulté à maîtriser la pratique hexagonale des titres.

Quel était mon étonnement, lors de mon premier séjour parisien, de m'entendre traiter de « monsieur », moi qui avais à peine 20 ans ! Persuadé que « monsieur » était réservé à des gens d'une certaine élégance, je trouvais ces Parisiens bien polis. Il faut dire qu'à Columbus, je n'avais jamais rencontré de « vrais » Français.

Des amis m'ont expliqué par la suite que «monsieur», «madame» ou «mademoiselle» étaient des formules basiques indiquant le minimum de respect, auxquels tous avaient droit. Une espèce de RMI du respect.

C'est ainsi que j'ai appris à dire «Bonjour, madame» à la boulangère. Et celle-ci me répondait «Bonjour, monsieur». Chouette !

Ensuite, j'ai rencontré quelques petites complications. Fallait-il dire «Monsieur» ou «Monsieur le docteur» chez le médecin? On m'a conseillé un «docteur», que je trouvais un peu concis. Mais je m'y suis fait.

Un peu plus tard, venu en France comme jeune journaliste, j'ai eu l'occasion de rencontrer des gens *très* haut placés, qui ne travaillaient pas dans une boulangerie.

Je me suis donc adressé à la première excellence inter-viewée en utilisant un simple «Ministre», équivalent du «*Minister*» anglais. On m'a tout de suite soufflé qu'il fallait dire «Monsieur le ministre», comme l'on dit «Monsieur l'ambassadeur». Ah, bon?

Un jour, une amie française fut consternée en entendant mon fils, tout jeune à l'époque, m'appeler comme d'habi-tude par mon prénom «Ted».

«Il faut que cela cesse», me dit-elle, une fois mon fils parti.

«Pourquoi?»

«Parce que tu es son père. Il doit t'appeler Papa.» Pour elle, le statut de père excluait l'usage du simple prénom. Il fallait un titre.

«Tu n'es pas son camarade de classe», a-t-elle ajouté.

J'ai donc expliqué à mon fils que désormais il devrait me dire «Papa» par respect pour ma qualité de père.

Mais le petit voyou s'est mis à ricaner, et ceci dura plu-sieurs jours. En plus, il me narguait en disant: «Tu ne préfères pas que je t'appelle Monsieur mon père?» J'ai finalement abandonné cette tentative de normalisation.

Mes péripéties avec les usages français ne cessèrent pas pour autant. Envoyé chez un spécialiste pour un orteil cassé, je remarquai (difficile en fait de l'ignorer) le florilège de titres qui figurait sur son papier à lettres. À faire rougir de plaisir n'importe quel archiduc de la Cour impériale.

Docteur Pierre-Antoine Mariano-Dubois
Lauréat de la Faculté de Médecine de Paris
A.I.H.P.
Assistant des Hôpitaux de Paris
Ancien attaché de Podologie à l'Hôpital Cochin
Ancien assistant à la Fondation A. de Rothschild
Responsable de l'unité de Podologie de l'Hôpital Américain

Bigre ! Est-ce que j'allais dire « Docteur » en toute simplicité à cette éminente personnalité ? Évidemment, non. J'ai donc dit « Monsieur le professeur ». Il ne me reprit pas.

Je commençais ainsi à partager, avec le général de Gaulle, une certaine idée de la France.

Et moi, alors ? Toujours sans titre !

Beaucoup plus tard, la fortune me sourit enfin. Lors d'une réunion des copropriétaires de mon immeuble, le gérant me fixa en demandant qui voulait assumer la présidence de l'assemblée, un rôle qui consiste exclusivement à signer le compte rendu de la séance. Tous les autres étaient en train de bavarder.

« Vous êtes d'accord ? », interrogea-t-il. Je ne pouvais refuser.

Quelques jours après, le compte rendu arriva chez moi ainsi libellé : « Monsieur le Président de l'Assemblée Générale des Copropriétaires. »

« Monsieur le Président », me dit effectivement le concierge en me remettant ce document en main propre. Je décelai chez ce fidèle serviteur une nouvelle attitude vis-à-vis de ma personne. Ou une légère ironie, je ne sais pas trop... Quoi de plus normal dans un pays qui compte plus de 500 000 élus et autant de présidents de tous genres, de club bouliste aux associations humanitaires en passant par les sociétés de chasse.

En tout cas, attentif aux usages, je lui renvoyai l'ascenseur : « Merci, monsieur le gardien », répondis-je.

Il s'ensuivit une période de bonheur qui dura plusieurs années. Je finis par trouver que ce titre m'allait comme un gant, même si je suis resté au fond très simple et n'oublie jamais mes origines modestes. Bien entendu, je refusais désormais tout tutoiement, car il ne sied pas à un titre comme le mien. Valéry Giscard d'Estaing m'a servi d'exemple.

En bon Américain, figurez-vous que j'éprouvais une certaine satisfaction à entendre : « Bonjour, monsieur le Président », quand je descendais ou montais l'escalier. Ce sont des joies qui n'existent pas chez nous, hélas. Je crois bien que mes voisins français trouvaient eux aussi un certain plaisir à m'honorer, et parfois, avant de sortir, j'écoutais à la porte pour m'assurer qu'il y avait du monde dans l'escalier.

Petit à petit, dans le quartier, on fit comme dans mon immeuble : chez la fromagère, la boulangère, le coiffeur, au tabac du coin, on me rendait les hommages dus à mon auguste position, même si faute d'anneau, je n'offrais pas ma main à baiser.

Tout naturellement, je commençai à m'intéresser à ceux de mon rang et suivis avec un vif intérêt la controverse soulevée par Madame Guigou, lorsqu'elle remplissait les plus hautes fonctions au ministère de la justice. Fallait-il dire « le Garde des Sceaux » ou « la Gardienne des Sceaux » ? Devait-on préférer « Madame le ministre » ou « Madame la ministre ». J'ai compris que ces problèmes étaient d'une importance non-négligeable pour les modestes gens de mon quartier, qui m'ont d'ailleurs prié de les éclairer. Je m'exécutai de mon mieux.

Naturellement, en dehors de mon immeuble comme à l'extérieur de mon quartier, j'ai jugé préférable de ne point utiliser mon titre. Cela aurait été prétentieux ! À mon club de tennis, par exemple, j'ai fait comprendre à mon entourage qu'il suffirait d'utiliser la formule démocratique « Monsieur le licencié ». Licencié de la Fédération française de tennis, évidemment.

Mais le bonheur, comme dans les chansons d'amour, ne dure qu'un instant. Pour cause de grippe, j'ai raté l'assemblée générale des copropriétaires suivante et ma qualité de président fut accordée à un autre prétendant, le sinistre individu qui habite au troisième, porte gauche. Déjà le lendemain, on ne me saluait plus que par un «Bonjour, monsieur». Éprouvant, vous le comprendrez.

En fait, je soupçonne un complot. Peut-être à cause de ma politique en faveur du renouveau du tapis de brosse situé au bas de l'escalier. Voilà comment j'ai appris qu'en matière de copropriété, il n'y avait qu'un moteur, la jalousie. Et que les envieux sont toujours prêts à flinguer ceux qu'ils ont fait roi.

## XXII

## L'omerta à la française

Je me dis parfois que la loi du silence, «l'omerta» dont on attribue un peu vite la paternité aux Siciliens est en fait une invention bien française. Imaginez qu'ayant découvert l'*Histoire de la Révolution française* de Jules Michelet, je me suis plongé dans une biographie de ce grand historien. Une lecture fort intéressante jusqu'à cette petite phrase tout à la fin d'un chapitre : «En septembre 1842, Michelet obtient les faveurs de sa servante Marie.» Tiens? Comment?

Et puis silence, le plus profond des silences. Un silence dont seuls les Français, historiens ou pas, sont capables. Disparue, Marie. On n'apprend plus rien sur sa liaison (dangereuse?) avec le maître. Était-elle brune, blonde? Vécurent-ils heureux? Lisait-elle ses œuvres? Interdiction d'en savoir plus. C'est du domaine de la vie privée.

On n'en parle pas. Jamais. Pour un pays moderne, la France conserve pas mal de tabous. Mais de toutes les particularités de la tribu gauloise, aucune ne me bluffe plus que cette curieuse loi du silence sous ses différentes formes. On dirait que le pays entier est soumis au devoir de réserve.

Dans la bonne société, on l'appelle « discrétion ». Invité dans une famille parisienne, je bavarde avec leur petite fille de six ans. Elle n'a jamais vu d'Américain et se met à me poser un tas de questions. Je réponds volontiers avant que la mère n'intervienne fermement.

« Arrête, tu es indiscrète », dit-elle à sa fille, qui se tait instantanément. C'est sans doute ainsi que cette tradition du silence se transmet de génération en génération : un Français apprend très tôt à ne pas poser de questions (par nature indiscrètes). Ici, on ne demandera pas à quelqu'un dont on vient de faire la connaissance ce qu'il fait dans la vie, s'il est marié, s'il a des enfants, encore moins ses opinions politiques. Par contre, on peut parler de la pluie et du beau temps, des vacances et naturellement de bonne chère.

En revanche, quand un Américain est présenté à un autre, des deux côtés, l'enthousiasme est manifeste ; chacun veut sur le champ tout savoir de l'autre, comme si le nouveau venu pouvait se révéler un ami pour la vie. Lorsqu'un Français rencontre pour la première fois un de ses compatriotes, c'est toujours avec une certaine retenue et même un zeste de méfiance, au cas où ce Judas irait un jour le dénoncer au fisc. On ne sait jamais avec des gens qu'on ne connaît pas, n'est-ce pas ? D'ailleurs, on voit rarement un Français *se* présenter lui-même. L'intervention d'un tiers est nécessaire pour accomplir une formalité aussi importante.

À croire que les Français, avec toutes les guerres qu'ils ont subies, ont appris à « la boucler » pour ne pas se compromettre avec l'occupant. En public, ils chuchotent (échangent-ils des secrets ?) tandis que le touriste yankee semble braire comme un âne, peu soucieux de ce que les autres peuvent en penser. Dans le métro ou dans un train, bien des voyageurs prennent soin de cacher la couverture de leur livre aux yeux des curieux. Quant à lire un quotidien dans les transports publics, c'est déjà de l'audace. Car vos journaux ont une « tendance » politique, et il est préférable que les gens que l'on ne *connaît pas* n'en sachent pas trop sur vous. Une attitude qui pourrait expliquer en partie le faible tirage de la presse française.

Le soir tombé, dans les villes et villages de province, on ferme soigneusement stores et volets. De là à imaginer que se dissimulent ainsi des pratiques honteuses, peut-être même des actes incestueux, il n'y a qu'un pas que franchit naturellement tout Américain convaincu, en bon protestant, que la personne qui tire ses rideaux a forcément quelque chose à cacher. Promenez-vous au contraire la nuit dans n'importe quelle banlieue américaine et vous aurez une vue imprenable sur les living-room. Cela ne vaut pas pour autant certificat de bonne vie et bonnes mœurs.

Le Français le plus exemplaire, celui qui vit paisiblement avec sa maman et n'a jamais connu même l'ombre du scandale, protège sa vie privée comme une lionne défend ses petits. S'il vous révèle son prénom, c'est avec autant de circonspection que s'il s'agissait de ses coordonnées bancaires ou de la couleur de son slip.

Cette réserve traditionnelle des Français leur vaut une réputation de froideur à l'étranger, qui n'est pas toujours justifiée. La France est peut-être la première destination touristique du monde, mais ce n'est pas l'hospitalité hexagonale qui en est responsable. « Les Français peuvent être considérés comme les gens les plus hospitaliers du monde, pourvu que l'on ne veuille pas entrer chez eux », a écrit Pierre Daninos dans *Les Carnets du Major Thompson*. Ironie à part, j'ai une explication : pour un Français, recevoir chez lui implique un cérémonial digne de Fouquet. Certains amis ont attendu des années pour m'inviter, attendant que notre amitié se consolide. Devenus proches, on pouvait me faire dîner « en toute simplicité ». Mais la plupart des Américains le comprennent mal, et nombreux sont ceux qui rentrant d'un voyage en France affirment : *« You'll never see the inside of a French home »* (comprendre « Vous ne mettrez jamais les pieds dans un foyer français »). Quand j'ai expliqué à un rédacteur de *Newsweek*, invité à dîner chez des Parisiens assez élégants, qu'il valait mieux éviter d'avoir recours aux toilettes pendant le repas, il a refusé de me croire.

Nous avons donc parfois bien du mal à nous faire à votre réserve naturelle. Une artiste américaine qui habite Paris depuis un certain temps a un jour oublié que l'on ne se comporte pas ici comme à Columbus dans l'Ohio. Elle était assise dans le jardin des Tuileries à côté d'une jeune maman accompagnée d'un enfant trisomique. Ayant grandi avec un frère atteint du même handicap, l'Américaine, émue, et un peu par compassion, aborde le sujet avec sa voisine.

« Mon fils est en parfaite santé ! », s'est indignée la mère française révulsée par cette attitude trop familière, avant de quitter les lieux.

Cette célèbre discrétion présente, m'assure-t-on, bien des avantages car elle favorise cette liberté de mœurs (avoir une maîtresse ou un amant), ou d'opinion, qui ont fait de ce pays une terre de libertés. Je veux bien l'admettre tant il est vrai que c'est en France qu'Oscar Wilde fuyant l'Angleterre où il était persécuté à cause de son homosexualité a choisi de s'installer. Idem pour les jazzmen noirs américains qui, après la guerre, émigrèrent à Paris pour échapper à la discrimination raciale. Mais c'était il y a plus de cent ans dans un cas et plus de cinquante dans l'autre...

Néanmoins, il est en France une caste à laquelle profite indéniablement la loi du silence, le monde politique. Un ministre de l'éducation nationale dont les trois filles sont dans le privé ? Après tout, pourquoi pas, même si cela peut laisser croire à un manque de confiance dans... l'éducation nationale. Plus révélateur est le réflexe immédiat de ses conseillers interrogés par les médias : brandir le « respect de la vie privée ». En clair, l'information n'aurait jamais dû être publiée, cela ne regarde pas les Français. Du bon usage de la défense de la vie privée, dernier recours pour cacher des vérités politiques gênantes.

Mais peut-être le contre-exemple américain y est-il pour quelque chose : Bill Clinton, Gary Hart et bien d'autres hommes politiques ont vu leur intimité étalée dans les médias. Inacceptable pour un Français : son député, c'est un cadre politique et peu importe sa personnalité ou sa vie privée. Aux États-Unis la discipline de parti est secondaire. On élit donc un candidat en son âme et conscience. Ce qui compte vraiment c'est sa « fibre morale », son comportement doit donc être en adéquation avec les valeurs qu'il défend. Et comme nous ne sommes pas français, s'il s'avère être homme marié-coureur de jupons, cela peut effectivement nuire à sa carrière.

La France politique du XXI^e siècle pourra-t-elle continuer à maintenir cette barrière hermétique entre vie publique et vie privée ? Peu probable, puisque, depuis Valéry Giscard d'Estaing, tout homme politique aspirant aux plus hautes instances ne manque jamais de cultiver une image d'époux fidèle en se faisant invariablement photographier sur son lieu de vacances avec femme et enfants. Les politiques français vont même plus loin que les Américains avec des conjointes qui conseillent leurs époux-ministres, et exercent, en plus leur influence à partir d'un bureau situé au sein même du ministère. Interrogé sur cette nouvelle tendance, inimaginable pour un citoyen américain, un conseiller de Matignon assurait que tout cela ne faisait que refléter « la vie moderne ». Vraiment ?

En effet, il y a du changement. Un Premier ministre battu à l'élection présidentielle se retire dignement de la vie politique, à l'image du général de Gaulle : c'est très classe. Mais quelques mois plus tard sa deuxième femme, qui prétendait s'être donnée comme mission de « protéger la sphère de l'intime », publie son journal personnel (un best-seller) où il est naturellement question de la campagne de son mari. Et peu de temps après sort une interview de sa première épouse, attribuant l'échec de son ex-mari à son caractère orgueilleux ? La France de la discrète Tante Yvonne est bien loin.

En ce qui concerne le politiquement correct, nous les Américains sommes des pionniers, mais les Français vont encore plus loin. Certaines opinions considérées répugnantes

169

(à juste titre) sont interdites par la loi en France. Dans ce domaine, la différence culturelle avec l'Amérique est à son comble car outre-Atlantique nous pensons que ce ne sont ni les politiques ni les juges mais le public qui décide si une idée politique ou historique est sans valeur. (Encore, la loi du marché, me direz-vous.)

En France, c'est souvent aux magistrats qu'incombe cette tâche. Un commentateur exprime des doutes sur les circonstances historiques du génocide des Arméniens ? La communauté arménienne lui fait un procès, et c'est un magistrat qui doit interpréter l'Histoire. Un journaliste de la radio développe un peu trop les positions palestiniennes aux yeux de certains Juifs ? On l'attaque en justice. Un écrivain se livre à une provocation délibérée en traitant l'islam de religion « la plus conne » ? Ce sont les Musulmans qui demandent réparation.

Cette volonté, il me semble, très française de vouloir contrôler l'expression dissimule en fait une vraie peur de la parole et de sa capacité à menacer l'ordre public, voire les institutions de la République. Lorsqu'un président de la République lâche qu'un ministre fréquente trop les « salons », l'effet est si foudroyant que les conseillers de l'Élysée s'affairent pour convaincre le public que le mot n'a peut-être jamais été prononcé. En France, le verbe peut avoir la force d'une bombe, il faut donc le réglementer.

Prenez le négationnisme, il est rejeté par tous les historiens sérieux, mais en le poursuivant devant les tribunaux, au nom de la loi Gayssot, on risque de lui conférer l'attrait du fruit défendu. L'existence même du Front National et le succès de son leader à l'élection présidentielle de 2002 n'ont-ils pas montré que les idées « réprimées » parviennent à proliférer encore mieux dans l'ombre ?

Un autre cas où l'esprit de réserve s'est imposé est celui de la guerre d'Algérie. Il a permis à la France d'occulter la torture. De retour en métropole, soldats et officiers ont tout simplement gardé le silence.

Les restrictions du droit à l'image sont aussi un dérivé de cette discrétion à la française. « Toute personne dispose d'un droit exclusif sur son image », a décidé la Cour de cassation. Y compris dans un lieu public, ce que n'admettent pas les sociétés anglo-saxonnes, plus libérales dans ce domaine. Au cours des siècles, seuls trois pouvoirs ont ainsi réussi à mettre l'image sous tutelle : les iconoclastes de l'Empire byzantin, les mollahs, et... la République française.

La télévision veut-elle diffuser un reportage sur les problèmes dans les lycées ? Eh bien, il ne faut surtout pas montrer la physionomie des adolescents, comme s'ils s'agissaient de prisonniers de droit commun. Le téléspectateur verra des corps sans têtes, des visages masqués ou des élèves vus de dos.

Un collègue photographe a été attaqué en justice par un père qui avait reconnu sa fille photographiée dans un parc d'attractions. Impossible pour un Américain de comprendre quel préjudice peut bien subir une petite fille lorsqu'elle est vue dans un lieu de divertissement.

Ce souci exagéré de la vie privée est une véritable manne pour les « people », comme on dit chez vous. Ils sont les seuls au monde à pouvoir s'offrir le beurre et l'argent du beurre. Comment ? En utilisant les magazines quand ils ont besoin de publicité. Et en leur faisant des procès dès qu'ils publient des photos et des articles qu'ils considèrent comme une atteinte à leur vie privée. (C'est-à-dire, peu flatteurs.)

Les champions en la matière sont les enfants du prince de Monaco. Si Céline Dion a reversé ses gains juridiques à la lutte contre le cancer, la famille Grimaldi n'a pas la même élégance. Les trois rejetons de Grace Kelly, qui ont aussi du sang américain dans les veines, attaquent volontiers en justice et se voient accorder autour de 700 000 euros par an.

En Amérique, on ne tolérerait pas un tel comportement. Nos célébrités peuvent tout se permettre : dépenses somptuaires, luxe inouï, caprices de stars mais, en retour, elles sont tenues de livrer les détails de leur existence. Les paparazzi sont là pour en témoigner et leurs reportages nous font un peu oublier notre existence monotone. Une forme de service public en quelque sorte ! Vie privée ? Allez donc ! Vivre dans un aquarium, c'est la rançon de la gloire pour les stars – partout, sauf en France. Mais j'allais oublier que vous avez réponse à tout. Ce droit à l'image éviterait aux couples illicites de se retrouver en photo dans la presse. Protéger l'adultère, voilà une priorité nationale des plus originales.

Il n'est pas question de changer ces pratiques typiques de la société française ; d'ailleurs, à chaque nation ses hypocrisies. Pourtant, nous les observateurs venus d'ailleurs, sommes convaincus que le Français est en réalité un grand curieux qui a du mal à contrôler sa boulimie, d'où la nécessité d'imposer des contraintes légales.

La France, par exemple, est un pays de badauds. Regardez sur l'autoroute, il suffit qu'un conducteur s'arrête sur la bande d'arrêt d'urgence pour se moucher, et tous les autres ralentissent pour voir ce qu'il fait. Résultat : un bouchon monstre. Avec le succès de « Loft Story », même les Français les plus vieux jeu ont compris que leur pays est, comme les autres, peuplé de voyeurs. On a pu remarquer que ceux qui fustigeaient ce *reality show* le critiquaient avec un luxe de détails laissant soupçonner des spectateurs plus qu'occasionnels.

De nos jours, la télévision vous permet effectivement de donner libre cours à votre curiosité mais dans les limites du living-room avec quelques incursions dans la chambre à coucher. C'est un peu le mariage du voyeurisme et de la discrétion. Dans les magazines et débats télévisés, Jean-Luc Delarue et consorts nous font assister, via leurs invités, au triste spectacle des « choses de la vie » : l'enfance maltraitée, le harcèlement sur les lieux de travail, les problèmes de couple. Mireille Dumas, dans son émission « Vie privée, vie publique » faisait subir au patineur Philippe Candeloro un véritable supplice, en le cuisinant sur son côté radin. À la grande joie (inavouée) du public. Cela vaut bien le prix de la redevance.

Pour l'étranger, la discrétion française constitue souvent un piège car elle est à sens unique, et l'Américain s'y laisse facilement prendre. Dans un dîner, il se confie volontiers, sans la moindre gêne, tandis que son interlocuteur français l'écoute mais ne dévoile rien en échange. Avec le temps, j'ai néanmoins fini par trouver la réserve des Français reposante. Aux États-Unis, un Américain qui ne peut pas payer 100 euros l'heure pour un psy est condamné à passer un temps considérable en confidences. S'il veut trouver une oreille compatissante, il doit en contrepartie écouter inlassablement ses copines lui raconter pour la énième fois pourquoi leur sœur aînée est une vraie salope, et comment maman a toujours favorisé le petit frère, un bon à rien qui n'a jamais rien fait dans la vie... En France il lui suffit de s'adresser au premier venu qui l'écoutera sans lui infliger en retour un récit détaillé de ses malheurs. Aux USA, dans les lieux publics, il est impossible d'échapper à toutes ces conversations qui se déroulent haut et fort, et ce n'est pas le portable qui va arranger les choses.

À propos de portables, je m'étonne que les autorités françaises ne prennent pas de mesures contre ces mouchards. En voilà une dangereuse atteinte à la vie privée ! Tout époux peut désormais se transformer en détective privé et consulter la liste des appels reçus par son conjoint pendant qu'elle se trouve sous la douche. Et la République laisse faire...

# XXIII

## L'heure ce n'est pas l'heure

Confronté à une montre, le Français y voit tout autre chose que le reste de l'humanité. Pour un Anglo-Saxon, l'heure, c'est un fait indiscutable ; pour les Franco-Latinos, tribu qui peuple les terres au sud de la Belgique, c'est une abstraction. Rendez-vous avec un copain à 15 heures ? Eh bien, 15 heures c'est l'heure où il se met en route. Et moi, je suis déjà sur place, encore une fois piégé.

Pendant des années, j'avais comme partenaire de tennis un Monsieur Laplace (qui ne m'a jamais confié son prénom, mais passons). Si le cours était réservé à 16 h 30, il s'amenait relax vers 16 h 36. Et à peine arrivé, il annonçait solennellement son intention de se rendre aux toilettes. Mais il habitait à 10 minutes du tennis, bon sang ; il n'aurait pas pu s'occuper de sa vessie avant de quitter son domicile ? Résultat, dix minutes de jeu perdues et néanmoins payées. Cela fait-il partie de la guerre psychologique comme ces chefs d'État qui ne veulent à aucun prix décrocher le combiné le premier ? Je ne le crois pas. Il s'agit simplement de la bonne vieille mentalité française – avant l'heure ce n'est pas l'heure. À l'heure non plus d'ailleurs.

Chaque fois que l'étranger croit s'être adapté à ce qu'il faut bien appeler ce phénomène, les Français arrivent à le prendre au dépourvu. L'un des cafés du Jardin du Luxembourg affiche son horaire d'été : fermeture à 19 heures. Il n'est que 18 h 40, et, en toute confiance, je commande des cafés. En toute naïveté plutôt, car le tenancier refuse de nous servir. Il m'explique, comme si j'étais le dernier des débiles, qu'il y a deux horaires : 19 heures, c'est l'heure de clôture *pour les clients déjà servis*, pour les autres, c'est 18 h 30, car le processus de fermeture étant entamé, les boissons chaudes ne sont plus disponibles. L'établissement se trouve alors dans un état d'« ouverture-fermeture » que seul un Français est à même de comprendre.

Les progrès de la technologie ne font que conforter cette philosophie du temps. Il m'a fallu un an ou deux pour saisir pourquoi le téléphone portable ravit autant ces Français, si peu stressés par leur montre. L'engin permet en effet de ne pas arriver à l'heure sans le désagrément d'avoir à s'excuser. Le coup est simple. En quittant son domicile – déjà en retard – on téléphone pour dire : « J'ai pris un petit retard. » L'autre personne étant avertie, l'horaire convenu n'a plus sa raison d'être. Le retardataire arrive, complètement blanchi et déculpabilisé. Simple, non ?

Par contre, il n'est jamais question en France de se mettre en retard quand il s'agit d'une activité jugée vitale – le déjeuner, par exemple. Essayez de trouver un plombier vers 13 heures pour une urgence. Impossible ! Les Français ont le ventre au diapason. Ils sont tous, mais tous, en train de déjeuner paisiblement ou bruyamment, selon les cas, au même moment. Ces mêmes traînards qui naguère ne voyaient pas la nécessité d'arriver à l'heure abandonnent leurs dossiers à 12 h 30, brûlent les feux rouges, écrasent les grands-mères au passage clouté pour se remplir la panse... C'est l'élan vital dont parlait Henri Bergson.

D'ailleurs, je n'ai jamais entendu parler dans ce pays d'un bureau ou d'une administration qui pratique ce qu'on appelle dans les pays civilisés « la journée continue ». Joindre un employé au téléphone ? Le lundi ? N'y songez point, la semaine n'est pas encore organisée. C'est la standardiste qui est chargée de l'expliquer, et si jamais elle vous passe la personne en question, elle est virée. Le vendredi ? Encore moins. Soit pour cause de RTT, soit parce qu'on boucle plus tôt à cause du week-end ou encore parce que celui que vous souhaitez joindre est en train de rattraper les retards de la semaine. Les autres jours, pas avant 10 heures SVP, car on vient de terminer le deuxième petit café. Et mieux vaut ne pas tenter sa chance après midi, l'heure du déjeuner approchant. Entre 15 h 30 et 17 heures en revanche, ça peut aller. Bref, au total neuf heures et demi de disponibilité par *semaine*.

Vous voulez rencontrer vos amis français ? Là aussi le créneau est mince. Dans l'Hexagone, l'emploi du temps se mesure en tranches de six semaines, maxi. Hélas, il en faut un minimum de sept pour organiser une rencontre.

À la rentrée, tous les Français font, bien sûr, « leur rentrée », même ceux qui ne sont pas partis en vacances, et surtout les hommes politiques. On doit faire vite pour se voir, mais hélas les vacances – cette grande sieste nationale – marquent encore les esprits, et, tout naturellement, on remet cela après la Toussaint.

C'est justement début novembre que dans une soirée parisienne, j'ai eu le plaisir de rencontrer une charmante brune, originaire de Nantes. Quand je l'ai invitée au restaurant, elle m'a répondu qu'elle était pour l'instant débordée mais que ce serait avec joie après les fêtes de fin d'année.

Janvier venu, c'était jouable mais après les excès financiers ou gastronomiques de décembre ce serait mieux après les vacances de février, n'est-ce pas ?

Je relance ma brune fin février, et j'apprends qu'elle vient d'avoir une promotion – bravo – et qu'elle doit donc faire du zèle, notamment rédiger un gros rapport destiné au directeur à remettre avant Pâques. Elle en a seulement pour six semaines, mais après Pâques, ce sera avec grand plaisir, dit-elle. Son ton, enjoué, est prometteur. Patientons, on finira par y arriver.

Entre Pâques, fête diablement mobile qui affole les agendas, et le mois de mai, rien n'est envisageable, rien, rien, rien, car il y a trop peu de temps. En mai, tout ceux qui ont déjà passé ce mois en France le savent, c'est totalement exclu avec tous ces jours fériés, ces ponts, ces grands ponts, ces innombrables absences, ces semaines en miettes. La brune ne rappelle même pas.

Dernier espoir : la « fenêtre » entre Roland-Garros et le Tour de France, période ensoleillée, période de liesse, période de tous les possibles. Enfin, elle est d'accord puisque au bureau on commence à respirer un petit peu. Cela fait si longtemps qu'on ne s'est pas vu. Mon Dieu, où est partie l'année ?

Mais seulement voilà que depuis sa nomination, elle est obligée de prendre ses vacances en juillet, histoire de se coordonner avec le planning du grand patron. Et moi, je suis un aoûtien confirmé...

« Alors, après les vacances ? », propose-t-elle, sans même une ombre d'ironie.

C'est cela. Après...

# XXIV

## Sombres dimanches

Il y a en France deux catégories d'urgences qui n'arrivent que le dimanche soir : un enfant malade et un fumeur en rupture de stock. C'est bien la preuve que Dieu existe mais qu'il a quelque chose de diabolique ! N'étant pas accro à la cigarette, je m'en tiendrai à mon expérience en matière de chasse aux médicaments.

La France, pays de la douceur et de l'art de vivre, offre un autre visage dès que vous avez besoin d'un remède en dehors des heures ouvrables. Il est déjà 19 heures passées, un dimanche pluvieux d'hiver. Le médecin de SOS vient de partir en laissant une ordonnance pour mon fils. « Il vaut mieux commencer le traitement dès que possible », précise-t-il. En d'autres termes, tout de suite. Le fiston, fiévreux, me regarde comme si sa vie reposait désormais entre mes mains. Je sens monter en moi une grosse bouffée d'instinct paternel. Comment pourrait-il en être autrement avec son regard angélique, son visage pathétique de Saint Jérôme souffrant le martyr. Peu importe s'il est presque ado, il redevient le temps d'un dimanche mon petit bébé !

Me voilà parti à pied dans les rues de Paris, à la recherche d'un pharmacien de garde rive gauche. Rien de plus simple, n'est-ce pas en votre belle République. Il suffit de trouver une officine où sont affichées les adresses des pharmacies de garde du quartier. Je bénis la France, pays de la douceur et de la civilisation... Et son réseau d'apothicaires hors pair. Pas si facile, en fait. Sur la liste, difficilement lisible, faute de réverbère à proximité (je dois demander à un passant de me prêter son briquet), quatre adresses sont indiquées. Commence alors une demi-heure d'errance à travers le quartier. La première pharmacie « de garde » est, elle aussi, fermée. La deuxième idem. Je finis par comprendre qu'être de garde pour les pharmaciens français n'implique pas de demeurer ouvert la nuit.

Je croyais que les pharmacies de garde, à Paris et dans les grandes villes de province, c'était comme l'empire britannique où le soleil ne se couchait jamais. Dans mon quartier pourtant, des pharmacies, on en trouve à tous les coins de rue. Quand je me rends à pied à mon bureau, un trajet de 20 minutes, je passe devant au moins sept officines, et je peux en apercevoir une demi-douzaine d'autres au loin. Comment arrivent-ils tous à gagner leur pain quotidien, ces commerçants qui monopolisent la vente de l'aspirine ?

Finalement, place Maubert, je prends un taxi auquel j'explique mon cas. Sans mot dire, il me conduit d'office place Clichy et stoppe devant la Pharmacie Perrault, ouverte 24 heures sur 24. Ce n'est pas tout à fait gagné, car on afflue de partout vers cette adresse providentielle – des parents inquiets comme moi, des malades réels ou imaginaires, et même des mendiants qui demandent l'aumône devant la porte.

À l'extérieur, voitures et taxis s'agglutinent, gênant la circulation. Mon chauffeur trouve une place un peu plus loin, mais il n'a pas l'air content à l'idée de m'attendre. « Dépêchez-vous », me somme-t-il. Au moins, il n'est pas hypocrite. Gonflé tout de même alors que le taximètre affiche déjà plus de 26 euros, à cause du tarif week-end.

À l'intérieur, une dizaine de personnes se côtoient dans une ambiance de bousculade. Si les Français se croient tous prioritaires en temps normal, ce sentiment est encore amplifié face à une pathologie. Les autres clients me jettent un coup d'œil méfiant. Ces regards peu accueillants, je les ai déjà croisés en entrant dans la salle d'attente de médecins ou d'avocats. Cela devait être ainsi sous la monarchie quand les suppliants attendaient des jours d'être reçus par un ministre du roi.

Mais revenons à notre pharmacie. Je subodore que bien avant mon arrivée on a déjà dû se disputer âprement les places dans la file d'attente. D'ailleurs c'est une manière de parler, car chacun rôde en toute liberté devant le comptoir en attendant d'être servi par les deux seules blouses blanches de service. Je prends donc soin de « photographier » dans ma tête le visage de mes voisins pour repérer après qui je passerai. Pas facile. Et puis, le petit local regorge de microbes (ou est-ce mon imagination ?) : ces gens sont des malades. Pour sauver mon fils, je vais sûrement attraper la crève. Ou pire.

Pendant quelques longues minutes, on n'avance pas. Un monsieur, le visage hagard, raconte avec force détails à un préparateur (il est trop jeune pour être pharmacien titulaire) la thrombose dont il a été victime en 1999, ou était-ce en 2000, en tout cas juste après les vacances de l'année en question. Ces nouveaux médicaments qu'on vient de lui délivrer ne risquent-ils pas de faire resurgir un caillot dans ses veines ?

L'officiant lui répond que, dans ce cas, le médecin traitant ne les aurait pas prescrits. Pas rassuré pour autant, il exige avant de régler, qu'on lui lise les notices. Dans son dos, les prunelles roulent en signe de fureur.

« Mais enfin, rien ne vous empêche de vérifier vous-même ! », grommelle un autre client.

« On voit que vous n'avez jamais eu de thrombose, vous ! », rétorque le parano. Silence dans la petite salle. La réplique a dû lui servir bien des fois.

Le préparateur, avec une patience de femme de marin, s'exécute. Pour faire ce travail, il doit piquer sa dose de calmants dans les tiroirs. Lecture faite des contre-indications, le thrombosé finit par s'en aller.

Les autres clients se succèdent, non sans heurts, et je remarque qu'une fois arrivés au comptoir ils s'attardent tous, posant une question ou deux, prenant manifestement plaisir à faire attendre ceux qui sont derrière eux, sans doute par esprit de vengeance.

Après une bonne vingtaine de minutes, je prends mes médicaments et retourne enfin vers mon taxi. « Ce n'est pas trop tôt », grogne le chauffeur.

Six jours sur sept, la France est un délice. Mais le dimanche... Soyons juste : c'est encore pire dans les trois autres pays où j'ai vécu, l'Allemagne et l'Italie. Sans compter Israël où le jour du sabbat les villes deviennent de véritables cimetières. Mais, en France, patrie de la raison et de la laïcité, on pourrait s'attendre à mieux.

Hélas, non, car ce sacro-saint repos dominical que l'église n'a plus le droit de nous imposer, les jésuites de la CFDT ou de l'Inspection du travail s'en chargent. Avec la complicité des petits commerçants convaincus que leur clientèle, depuis toujours conditionnée, ne serait pas au rendez-vous. Et, comme de toute façon, l'idéal d'un commerçant français, c'est deux heures d'ouverture par jour, sans baisse de chiffre d'affaires...

D'où le choc inévitable entre le capitalisme qu'on dit à l'anglo-saxonne et cette France qui se veut gardienne des dimanches. Tel fut le cas lors de la grande bataille des Champs-Élysées menée par Patrick Zelnik, alors patron de Virgin Megastore, pour ouvrir son magasin le jour du seigneur. Arguant de la création d'emplois, il avait fini par obtenir gain de cause. Au grand dam des syndicats, qui, CFDT en tête, expliquèrent benoîtement : « Les commerçants peuvent ouvrir quand ils veulent... sauf s'ils font travailler des employés le dimanche. » Suivit un appel à « un geste citoyen » consistant à boycotter les commerces le dimanche. Encore faudrait-il qu'il y ait des boutiques ouvertes...

Incroyable réaction (au moins pour un Américain) ! Quel dédain pour le soi-disant client-roi ! Autrement dit, les consommateurs débordés n'ont qu'à mieux organiser leur emploi du temps. Plus incompréhensible encore, une bonne partie des Français approuvent, sans doute parce qu'ils assimilent le dimanche sans shopping à la qualité de vie made in France.

Effectivement, les États-Unis sont un autre monde. Là-bas, le dimanche est depuis longtemps un jour comme les autres pour les courses ou les urgences pharmaceutiques. Même à Columbus, si vous souffrez d'insomnie à 4 heures du matin, vous pouvez toujours sauter dans votre voiture pour aller jus-qu'à Meijer, un grand magasin « discount » de deux hectares, disposant d'un vaste parking, ouvert 24 heures sur 24, tous les jours de l'année, même à Noël. Et il inclut une pharmacie, naturellement ouverte jour et nuit. Barbare, non ?

Bien sûr à cette heure-ci, il n'y a pas foule chez Meijer, mais on peut tout de même y rencontrer une vingtaine de clients dont une famille noire très *American-style*, avec ses sept enfants. Elle semble se servir du magasin comme d'un musée, d'une boutique et d'une bibliothèque. Les gosses feuillettent les revues de sport et de cinéma. Ici, dans le calme (très étudié) d'un grand magasin américain, ouvert quand on en a besoin, à votre disposition nuit et jour, bercé par les mélodies apaisantes de la muzak, on se sent finalement assez civilisé.

Un tel système apparaît impensable en France. Dans les gènes des Gaulois il y a apparemment un besoin forcené de faire tout en même temps que les autres. Les Français déjeu-nent tous à 13 heures, et dînent à 20 heures. Ils prennent des vacances en juillet-août, pour partir et revenir le même jour, Bison futé nonobstant. C'est une espèce d'identification, de marqueur, d'instinct national. Si vous dites à un Parisien que vous avez dîné à 18 h 00 (ce qui m'arrive parfois quand je ne sors pas), il vous regarde avec la même curiosité malsaine que l'on réserve aux malades mentaux.

Cet instinct est si prononcé que les autres activités, même les plus pressantes passent au second plan. Ainsi les toilettes du parc des Buttes Chaumont ferment à midi pour que la dame pipi puisse déjeuner tranquillement. Enfin, c'est fermé pour les femmes, car les hommes, eux, ont le privilège de se soulager aux heures des repas. Et l'égalité entre les sexes ?

Pour vous pas de problème, puisque, on l'a vu, les heures de fermeture et d'ouverture sont inscrites dans vos gènes. Mais les pauvres étrangers, ont bien du mal à s'y retrouver.

Partis en voiture faire une ballade dans l'arrière-pays champenois avec deux copines, elles aussi étrangères, nous avons voulu faire un pique-nique. Il faisait doux, le ciel était dégagé, nous roulions à travers les vignobles. Dimanche à la campagne !

Nous avions quitté Paris sans faire de provisions, pensant qu'il serait plus sympathique de faire le marché sur place, histoire de trouver quelques denrées fleurant bon le terroir, celles que les provinciaux se plaisent à cacher aux Parisiens.

Erreur fatale. On ne traversait que des villages vides de toute activité commerciale, en dehors du café. Les seules boutiques ouvertes, étaient des « Huit à huit », exactement comme à Paris, vendant des chips ou de l'eau minérale. Pas de marché dominical. Finalement, à quelques kilomètres de la ville, on s'arrête pour interroger une jeune mère qui promenait son bébé en poussette.

« Mon pauvre monsieur » fait-elle « le marché, c'est le samedi matin. » Raté pour le pique-nique. Nous avons déjeuné dans un restaurant à Épernay.

Déjeuner ou dîner, en province, cela ne s'improvise pas. Combien de fois, ayant mal calculé les distances ou rencontré des bouchons, suis-je arrivé à destination vers 14 h 30, trop tard et me suis retrouvé dans un café avec un sandwich rassis. Voilà pourquoi les autres conducteurs roulaient aux allures d'un Mirage et me doublaient tous. Ils ne voulaient pas rater leur festin. Un jour, encouragé par une compagne qui avait très, très faim, j'ai demandé plus que courtoisement à un restaurateur provincial s'il ne pouvait pas faire une exception pour nous. Juste un plat sans dessert ? Autant lui demander la lune. Dans son univers, déjeuner à 15 h 00, cela n'existe pas.

Même les responsables américains de Disneyland Paris se sont laissé piéger. Habitués à leurs compatriotes qui déjeunent à n'importe quelle heure entre 11 h 30 et 15 h 30, ils n'avaient pas prévu assez de places dans leurs restaurants, évidemment pris d'assaut à 13 heures. Les Européens, Français en tête, voulaient tous se substanter au même moment.

Maigre consolation pour l'étranger trop souvent abusé par cette religion des horaires, il arrive parfois que les Français se trompent, eux aussi. Un beau soir d'été, notre petit groupe s'est un peu attardé sur les rives de la Loire. Il était déjà 21 heures quand nous avons songé à dîner. Panique des deux Français qui étaient avec nous, comme si on était encore au Moyen Âge et que les châtelains allaient lâcher les chiens le soir. En fait, ce fut bien pire. Penauds, ils ne nous ont trouvé, en guise de festin, qu'un restoroute sur l'A 10. Tristes agapes, une viande de mauvaise qualité, pas assez cuite, des légumes de la veille et un fromage industriel, le tout servi par un personnel hyper-blasé. Bref, un repas comme en font tous les jours les Américains, mais deux fois plus cher. Voilà ce qu'il en coûte chez vous d'oublier la loi sacrée des horaires de repas.

# CULTURE

# XXV

## Parlez-vous franglais ?

Pauvre français (pas vous, votre idiome). L'Américain que je suis, sourit parfois en voyant un de vos compatriotes en voyage en Italie, condamné à commander son repas en anglais, une langue qu'il maîtrise aussi mal que le serveur du restaurant. Il y a cinquante ans, n'importe quel garçon de café italien pouvait parler, tout au moins gazouiller quelques mots de français. Aujourd'hui c'est l'anglais qu'il baragouine. Tout comme l'interlocuteur turc de l'homme d'affaires parisien venu signer un contrat à Ankara.

Inutile de se cacher plus longtemps la cruelle vérité : entre l'anglais et le français, la guerre est finie. L'anglais l'a emporté haut la main voici bien des décennies, et les Français qui sont tout sauf naïfs font semblant d'ignorer que leur langue est en perte de vitesse au niveau mondial. Si le monde devient tous les jours plus anglophone, la puissance de l'empire américain n'est pas seule en cause, car les Français font tout pour qu'apprendre leur langue relève du sacrifice.

L'expérience de mon amie Miki en témoigne. Cette jeune employée de bureau japonaise venue dans cette France dont elle avait tant rêvée a eu droit à la totale, comme vous dites :

tracasseries administratives, problème insoluble de logement... Après six mois de galère, elle est rentrée au Japon.
Découragée et frustrée.

Des Miki, des aficionados de la langue de Molière qui
se transforment en déçus de la France, du français et des
Français, il y en a de toutes les nationalités. Ils ont l'impression de ne pas avoir été désirés alors que d'autres pays
auraient été ravis de les accueillir. Les États-Unis, par
exemple, qui attirent bien plus d'étudiants étrangers (plus de
500 000 par an) sur leurs campus, malgré des frais de scolarité considérables (jusqu'à 20 000 euros annuels) et les difficultés pour obtenir un visa étudiant. Mais une fois acceptés,
on est, chez nous, aux petits soins pour ces jeunes qui constitueront plus tard les élites de leur pays et dans le même temps
un lobby en faveur du modèle américain dans le monde.
Quant à ceux qui parviendront à rester en Amérique pour
y travailler, ils constitueront une immigration hautement
qualifiée.

Alors autant vous le dire, les tentatives de votre gouvernement pour attirer davantage d'étudiants, non francophones,
laissent un peu sceptique : comment trouver des crédits pour
des gens qui ne votent pas quand les étudiants français – qui
votent, eux – en réclament sans succès tous les jours ? Alors
d'ici à ce que vous ayez révisé vos lois pour séduire quelques étudiants étrangers mal logés...

Au-delà de ces questions pratiques, il en est une autre bien
plus grave qui menace le rayonnement de la langue française :
l'homo francibus. Fier de sa langue et se prenant pour un fort
en thème, l'individu le moins diplômé, le plus nul dans son
travail, la risée de ses pairs, se permet néanmoins de montrer
de l'arrogance vis-à-vis du pauvre Américain qui ose exhiber
le peu de français appris au lycée.

« C'est tout, monsieur ? », m'a demandé un jour une vendeuse alors que j'achetais une chemise dans une boutique de
la rue du Four. Elle me posait la question la plus simple du
monde. Est-ce que je voulais autre chose, à part la chemise ?

*Et je ne comprenais pas !* C'était mon premier séjour en France, et je baragouinais, utilisant un vocabulaire réduit, dont le mot *tout* ne faisait apparemment pas partie. Ou alors était-ce à cause de son accent (français, bien sûr) ?

« C'est tout ? C'est tout ? C'est TOUT ? », insista-t-elle, de plus en plus fort. Elle me prenait pour un sourd, ou un demeuré, en tout cas, pour un Américain. Les autres clients appréciaient le spectacle. « Mais, enfin, monsieur ! », s'exclama-t-elle finalement. Je réglai l'achat tant bien que mal et quittai précipitamment le champ de bataille, comme l'archiduc Charles devant Napoléon à Wagram. Que pensait-elle des Américains, ma vendeuse ? Probablement que nous avions acheté nos Prix Nobel parce qu'on n'était pas foutu de comprendre deux mots de français.

Mais une fois l'obstacle de la langue franchi, quel bonheur d'avoir accès à une culture si riche, et à un peuple plein d'esprit. Trêve de compliments. Car, nombreux sont ceux qui renoncent, et pas uniquement par paresse ou désintérêt. Votre idiome, par sa complexité, fait vraiment tout pour décourager l'apprenti. Parmi les grandes langues occidentales, je ne lui vois que l'allemand comme rival. Que le français est tatillon ! Parler couramment et surtout bien écrire représente un travail de titan avec toutes ces conjugaisons en forme de chausse-trappe. Il faut vraiment adorer la France. Il faut être un Hector Bianciotti, ou un Andreï Makine.

Et si les Français faisaient un petit effort pour nous aider ?

Serait-ce trop leur demander de renoncer à donner un genre aux substantifs ? Cette question embête tous les Américains, et puis... *à quoi ça sert ?* Que le mot « parapluie » soit masculin ou féminin, cela ne change pas le prix du camembert au marché. Moi, je cale presque toujours sur « boisson ». Il paraît que c'est féminin, mais j'ai envie d'en faire un nom masculin.

Ah, je sais, vous allez me dire que les genres viennent directement du latin, et que c'est une tradition. Raison de plus : le latin, on ne le parle plus sauf au Vatican, n'est-ce pas ? Et pourquoi ? Les genres y étaient pour quelque chose, je parie. Dieu merci, l'anglais, langue des grands paresseux, a renoncé à cette pratique il y a de ça mille ans.

Soyons réalistes, je suppose qu'aucun citoyen français n'accepterait d'amputer sa grammaire pour nous faciliter l'apprentissage de sa langue... Quoique ce serait un beau geste en faveur de l'amitié franco-américaine ! Si les Français trouvent que supprimer les genres pour faire plaisir à quelques Yankees, c'est trop difficile, ils pourraient au moins demander à l'Europe d'intervenir. Pour vos parlementaires européens qui s'amusent à réglementer la taille et la forme des artichauts ou à faire la chasse aux fromages de lait cru, standardiser les genres entre les différentes langues européennes ne devrait pas être insurmontable. Mais rien n'y fait. Le mot « livre » reste – et, je le crains, restera – masculin en français et neutre en allemand. Quel continent !

Là où je suis obligé de demander, voire d'*exiger*, une petite réforme, c'est dans le cas des accents et de toutes ces égratignures qui souillent le délicieux écoulement d'une phrase française.

Quand un Anglophone s'exprime avec seulement 26 lettres :

*a b c d e f g h i j k l m n o p q r s t u v w x y z,*

le Français, lui, se laisse aller avec son alphabet de 36 lettres :

*a à â b c ç d e é è ê f g h i î j k l m n o ô p q r s t u ù û v w x y z.*

Au fait, à quoi servent tous ces accents, sinon à compliquer la tâche des plumitifs – et à faire des dictées scolaires une espèce de torture nationale ? Ils ont une valeur historique, soit, mais en outre ils induisent le pauvre étranger en erreur. A-t-on vraiment besoin d'un accent piège sur « événement » ? Hélas, on en a besoin pour savoir l'écrire. Mais loin de rechercher la meilleure manière de simplifier leur diabolique langage, les Français s'amusent avec les célèbres concours de dictée organisés par Bernard Pivot. Et en plus ils en redemandent.

Les impératifs de style d'un autre siècle sont aussi sources de problèmes. Il ne faut pas trop répéter le même mot, me dit-on. Il s'ensuit une chasse frénétique aux synonymes, qui fait sourire. Résultat : à part les Israéliens, seuls les Français, grâce aux journaux télévisés, comprennent que le mot « Tsahal » signifie l'armée juive en hébreu. Et que « outre-Atlantique », c'est Columbus dans l'Ohio.

Grâce au ciel, pour faire face à la complexité de la langue, les librairies ont toujours en rayon un livre ou deux du genre « Erreurs à ne pas commettre en français ». Le *Dictionnaire des difficultés de la langue française* édité par Larousse n'a pas moins de 435 pages. Je m'amuse parfois à demander à des amis français comment on écrit le verbe « créer » au participe passé féminin. Ceux qui ignorent la réponse « créée » me renvoient systématiquement au Bescherelle. Autre façon de dire : « Tu m'embêtes. » Une langue qui nécessite un Bescherelle, ne serait-ce pas une langue de mandarin, par hasard ? Depuis Jules Ferry, c'est un Américain, Bill Gates qui a rendu le plus grand service aux Français moyens, à ceux qui ont besoin, par exemple, d'adresser une lettre pas trop truffée de fautes à une administration quelconque. Merci donc à son logiciel Word et à son indispensable vérificateur d'orthographe.

Si vous le permettez, j'ai ma petite théorie sur la complexité de votre langue. Et si c'était en fait un outil de discrimination sociale – pas contre les étrangers en quête de chemises – mais à l'égard des autres Français. Dans l'Hexagone, il suffit de lire quelques lignes de la prose d'un individu pour juger de son niveau d'éducation. Les gens « éduqués », ceux qui ont vu leur jeunesse gâchée par des dictées sadiques et des rédactions à n'en pas finir, veulent à tout prix se distinguer de ceux qui, eux, ont préféré profiter de leurs tendres années en faisant l'école buissonnière. C'est toujours la même vieille histoire : il y a ceux qui ont le bac et ceux qui ne l'ont pas. Les couches sociales défavorisées sont vite montrées du doigt quand elles font des fautes de français. C'est ainsi que les élèves du Collège Utrillo, Porte de Clignancourt à Paris, se sont fâchés lorsque *Le Nouvel Observateur* a fait état dans un article de leurs origines modestes – et de leurs carences orthographiques. Vos intellos sont incorrigibles : pour eux, l'un va forcément de pair avec l'autre.

Mais, soyons sérieux. Je n'ai jamais rencontré un Français prêt à envisager une simplification de sa langue. Et d'ailleurs je n'y suis pas favorable. Après avoir fait tant d'efforts pour l'apprendre, je veux que la barre reste placée très haut pour les autres étrangers ; histoire de mettre en valeur mes sacrifices de temps et d'énergie. Qui aurait envie de se faire battre par un débutant, après avoir transpiré pendant des années sur un court de tennis ?

De toute façon, en France, il est toujours question de sauvegarder la langue plutôt que de la rénover. On s'accroche à ses accents comme à ces fromages de brebis à l'ancienne qui seront bientôt bannis par l'Europe. De nombreux peuples sont extremement (pardon, je voulais dire « extrêmement » pour ceux qui n'ont pas compris) sensibles en ce qui concerne les réformes de leur langue maternelle. La décision de France Telecom de renoncer à ses deux « é », au profit de simples « e » dans le logo a été vécue comme un crime de haute trahison quasiment passible de la Haute-Cour (encore une spécialité française). Les Allemands, en revanche, ont entrepris une simplification de leur langue, la *Rechtschreibreform* qui prendra effet en 2005, et vise, entre autres, à réduire les règles sur l'emploi des virgules de cinquante-sept à neuf.

On nous accuse souvent, nous les Anglo-Saxons, de « polluer » votre langue avec nos mots et nos expressions, donnant ainsi naissance à ce franglais qui fait hurler les puristes. L'invasion actuelle de l'anglais est souvent ressentie comme le coup de force d'une culture – la culture américaine – fondée sur l'intérêt commercial et la vulgarité. Ce déferlement laisse ses traces dans la belle langue française, comme le faisaient jadis les hordes barbares, qui pillaient et violaient abandonnant derrière elles des bâtards dégénérés. Des mots bâtards comme « re-looker » et « people ».

À ces accusations, nous répondrons, comme Mistinguett : « C'est vrai. » Et alors ? Nous ajouterons que le peuple français nous a bien aidés dans cette tâche de subversion linguistique : sans lui, rien n'aurait été possible. Tant il est vrai que personne n'est plus efficace pour polluer sa langue que le Français lui-même.

Comment expliquer l'amour maladif des sigles ? C'est une véritable épidémie. Impossible pour un étudiant étranger de comprendre un simple journal télévisé, lorsque PPDA informe les téléspectateurs que « la CGT revendique un ajustement du SMIC afin que les travailleurs ne soient pas rattrapés par les RMIstes. La CFDT, la CFTC, FO refusant de se prononcer pour l'instant ». Le français de Molière celui qu'on apprend aux étrangers est largement inadapté pour vivre dans la France de José Bové.

Des générations de Français nantis de prénoms doubles viennent encore compliquer la tâche de l'étranger – cela m'est arrivé – qui débarque dans un dîner parisien où les autres convives se prénomment : François-Guillaume, Jean-Marie, Marie-France, Marie-Catherine, et Anne-Hélène. Ajoutez quelques bouteilles d'un bon Bourgogne et le fait que j'en tutoyais certains mais pas tous... Vers la fin de la soirée, on se sent légèrement étourdi.

Quoi qu'il en soit, il faudra en finir un jour avec ces noms de famille beaucoup trop longs. Un prénom double, suivi d'un nom de famille à la Jean-Jacques Servan-Schreiber, sans compter l'éventualité d'une particule... Cela fait réfléchir bien des étudiants étrangers avant de choisir le français comme deuxième langue. Essayez de faire prononcer à un Américain « le comte de Montesquiou-Fezensac ». Et d'ailleurs, en dehors de l'Hexagone, le plus grand atout de Jacques Chirac à l'étranger, c'est son nom.

Ces particularismes, voire ces snobismes nuisent incontestablement au rayonnement de votre langue. Aux États-Unis son image trop raffinée la dessert et les jeunes filles de bonne famille sont pratiquement les seules à étudier les lettres françaises. Pour les autres, parler français cela fait un peu... efféminé. Ou trop cultivé, diraient les vrais mecs américains qui se sont révoltés il y a quelques années contre la mode des quiches françaises. *« Real men don't eat quiches »* (les vrais mecs ne mangent pas de quiche) est devenu le slogan des mâles. Cette image un peu précieuse a d'ailleurs nui aux intérêts commerciaux des vignerons français, car le lobby masculin a également proscrit le vin en faveur de la bière, boisson d'homme. En 1988, lorsque George Bush père a été candidat à la Maison Blanche pour la première fois, ses conseillers ont soigneusement caché le fait que leur poulain, déjà handicapé par une image de mollasson *(« wimp »)*, parlait français.

En tout cas, votre langue garde une longueur d'avance sur l'anglais dans un domaine précis : l'accent. Un accent français est toujours considéré comme sexy aux États-Unis, à condition que son propriétaire se mette à parler en anglais. Avec leurs intonations à la Maurice Chevalier ou à la « Dipardiou » (Gérard) les séducteurs français font des ravages. Et je suis bien conscient qu'en comparaison, sur le sol français, le joli cœur américain fait un peu pitié. Si notre prononciation fait glousser les Françaises, c'est parce que nos voyelles baladeuses ne nous préparent pas à la rigueur de votre idiome. Mal parlée, la langue française est souvent incompréhensible, à la différence de l'italien, l'allemand ou l'espagnol.

Il faut dire que vous avez votre Académie française pour veiller au grain. Hélas, elle s'est aussi faite gardienne des complexités de la langue. Si les Immortels veillaient sur l'industrie en France, vous seriez toujours en train de produire des calèches. La langue anglaise inspire bien moins de soucis surtout telle qu'elle est parlée (mal) et écrite (très mal) aux États-Unis. Il n'existe pas chez nous d'assemblée d'augustes vieillards estampillée « Académie anglaise » pour la défendre. Et c'est peut-être pour cela qu'elle est en constante mutation, un signe de grande vitalité, vous en conviendrez. Nous, on laisse plutôt à la presse le soin d'en définir la version « standard ». Cela nous épargne au moins les salaires et charges sociales des 40 vénérables évoqués plus haut.

Mais, seriez-vous vraiment déshonorés si, dans cent ans, la langue française comptait encore plus de mots d'origine anglaise ? Après tout, l'anglais a été « pollué » par les conquérants normands à partir de l'an 1066, et cela ne l'empêche pas de bien se porter. Grâce à Guillaume le Conquérant, les Anglophones peuvent dans beaucoup de cas choisir entre un mot d'origine anglo-saxonne, plus cru, et son équivalent, plus élégant, d'origine française. Un choix qui se fait parfois selon l'état de sobriété.

Pour que le génie artistique français puisse rayonner dans le monde, il vous faudra un jour – même si cela vous choque – adopter l'anglais comme langue de travail du *show business* français. Combien de disques aurait vendu le groupe Abba s'il n'avait chanté qu'en suédois ? La réponse est évidente pour tous, sauf pour les Français. Les plus grands talents de l'Hexagone, les Gainsbourg, les Goldmann, les Halliday, les Brel (Mort Shumann nonobstant), sans parler de Nolwenn et Jenifer, restent encore pratiquement inconnus en dehors de la zone francophone. Ils méritent mieux, et nous aussi.

Ce travail d'adaptation a déjà commencé. Je me souviens d'un sympathique coursier qui travaillait avec moi dans une agence de presse américaine boulevard des Italiens. Le visage rouge betterave grâce aux deux litres de vin qu'il buvait quotidiennement depuis plus de quarante ans, Marcel adorait le sport et en particulier le Tour de France. Normal pour un cycliste professionnel. Un jour, regardant à la télévision du bureau l'arrivée d'une étape, il se tourna vers moi pour me demander : « Dis donc, Ted, comment tu dis *le sprint* en anglais ? »

# XXVI

## Au pays des intellos

La France, mère patrie de l'intellectuel, apparaît aux yeux de l'étranger comme une véritable pépinière de penseurs, philosophes et autres beaux esprits. Dommage qu'il n'existe pas un Prix Nobel de philo. Chez vous, la pensée est reine quand elle n'est pas brimée par l'idéologie. La quête de la vérité s'avère un sport national et les noms des intellectuels, morts ou vivants, sont presque aussi connus que ceux des stars du grand écran. On cite ici aussi volontiers Althusser, Foucault ou Derrida, que chez moi Brad Pitt ou Leonardo Di Caprio. Vous pardonnerez à un brave gars de l'Ohio de vous avouer qu'il a d'ailleurs quelquefois un peu de mal à comprendre où passe à vos yeux la frontière entre ce que vous appelez un intellectuel médiatique et une star de cinéma.

Il m'est ainsi arrivé de croiser au cours de reportages l'un de ces intellectuels « engagés » qui sont votre fierté. À Sarajevo notamment, où l'un d'eux, l'air grave et le regard brûlant de Raspoutine, s'est rendu une douzaine de fois pendant le siège de la ville. Chaque fois j'ai repensé au mot de Churchill : « Il n'y a pas de sensation plus grisante que de sentir qu'on vous tire dessus – mais sans résultat. »

Soyons juste, j'ai aussi rencontré des intellectuels discrets, des hommes savants et modestes à la fois. Heureux intellectuels, en tout cas, qui œuvrent dans un terreau si fertile. Le lecteur français se plonge dans un livre de « réflexion » ou dans un « essai » avec le même enthousiasme juvénile que manifeste un résidant de Columbus envers un best-seller de la série *« how to »* (Comment réussir son divorce, Comment perdre 100 kilos en trois semaines).

Dans ce domaine, l'abîme franco-américain atteint des profondeurs insondables. Pour les Américains, les digressions philosophiques ne sont que du jus de crâne, des vérités jamais démontrées. Nos grands intellos restent cantonnés dans les campus et ceux qui parviennent à en sortir, tels Noam Chomsky, Susan Sontag ou John Kenneth Galbraith, sont des marginaux. Le Français, qui, depuis le berceau, nage dans les « ismes », évolue au milieu des idées philosophiques comme un poisson dans l'eau. Elles font l'objet de discussions dans une sorte de débat public permanent. Même les bourgeois affectent de s'y intéresser, puisque la pensée a toujours un petit côté tendance.

Quelle différence avec les autres capitales du vieux continent ! Passez quatre ans à Rome et vous ne ressentirez guère de vibrations intellectuelles dans cette ville si longtemps écrasée sous la botte conservatrice du Vatican. Dans les dîners, on ne parle que de l'avenir des différentes coalitions parlementaires. Idem à Vienne où la brillante communauté juive d'avant-guerre a disparu. À New York, les conversations tournent autour de deux thèmes obsessionnels : l'immobilier et les Twin Towers. Et même à Londres, l'actualité politique et les people sont les sujets favoris des beaux esprits quand ce ne sont pas les invectives contre les *froggies* (les Français) qui font fréquemment la une des quotidiens. Aucun doute, en Europe, le titre de capitale de la pensée revient à la ville Lumière.

Et, de fait, à Paris la « pensée » est partout, à chaque coin de rue. Parfois, c'en est même exagéré. Lors de ma première réunion de parents d'élèves à l'école primaire publique de mon quartier, j'ai été surpris par le comportement de l'assistance. Deux parents sont arrivés avec un exemplaire du *Monde* bien visible sous le bras. Au cours de la discussion avec l'institutrice, pas un instant il n'a été question du quotidien des élèves. L'assemblée discuta du rôle de l'éducation dans la société française mais aussi dans le vaste monde. On cita au moins deux grands hommes, La Rochefoucauld et Claudel. Vers la fin de la réunion, j'ai osé glisser une question à propos de gants – mon fils les perdait régulièrement pendant la récréation. Les autres parents m'ont regardé comme si je sortais d'un village d'Amazonie. J'ai compris plus tard que cet échange de haut niveau sur les valeurs éducatives avait un objectif : signifier à l'institutrice qu'elle avait la charge d'enfants issus de foyers intellectuellement favorisés.

Un esprit malveillant aurait pu penser qu'à la suite de l'effondrement du monde communiste, l'étoile des intellectuels français allait quelque peu pâlir. Il n'en fut rien. Les penseurs estampillés « Paris rive gauche » font toujours autant recette. Rien d'étonnant explique le grand spécialiste américain de vos grosses têtes, Tony Judt, professeur à l'Université de New York et auteur du livre *Un passé imparfait, les intellectuels français* : la pensée française avance au grès des modes. Il suffit qu'un ouvrage attire l'attention des journalistes pour que tout le monde en parle en même temps. À la recherche d'un bouc émissaire pour le scrutin du 21 avril 2002, le chercheur Daniel Lindenberg pointe ainsi du doigt dans *Le Rappel à l'ordre* les ex-gauchistes convertis au libéralisme. D'où une phénoménale polémique autour des « nouveaux réactionnaires » dont la plus troublante manifestation serait la spectaculaire réconciliation entre Guy Bedos et Thierry Ardisson.

Cette tendance qui consiste à tout intellectualiser se fait sentir dans bien d'autres domaines. Isabelle Adjani est-elle invitée à l'émission « Campus » pour parler de son nouveau film tiré du roman de Benjamin Constant, *Adolphe* ? Avec le

sérieux morbide qu'on lui connaît, la star exprime la « nécessité intérieure » qui l'a poussée à accepter ce rôle. Elle évoque
« une mystique qui est la mienne » et son « rapport à l'absolu ».
Un discours un peu décousu mais *so French*. Aux États-
Unis, on n'a plus essayé de marier ces deux mondes – ciné-
matographique et intellectuel – depuis le divorce de Marilyn
Monroe et du dramaturge Arthur Miller.

Si une vedette d'Hollywood parlait de son rapport à
l'absolu, on penserait qu'elle a trop sniffé la veille. Mais ici
pour discuter avec Adjani, Guillaume Durand a déplacé *trois*
intellos professionnels.

L'actrice confirme que les films commerciaux, qu'elle
désigne par « le circuit *Pretty Woman* », référence au succès
de Julia Roberts, ne l'intéressent point. « Je ne veux pas faire
du blabla », conclut-elle. Guillaume Durand finit par nous
assurer qu'*Adolphe* est « un grand film d'époque, très grand ».
Peut-être, mais d'un ennui mortel... Le public le boude, et il
disparaît des écrans deux ou trois semaines après sa sortie.
L'émission aura été d'une parfaite tenue intellectuelle : aucune
question inquisitoriale du genre « spécial vedette de cinéma ».
Sans l'ombre d'une ride, l'actrice a presque cinquante ans,
mais on ne parlera pas de chirurgie esthétique. Elle vient
de changer d'amant, mais il n'est pas question d'évoquer
sa vie privée (elle en réserve la primeur à *Paris-Match*). La
star envie-t-elle Juliette Binoche, qui, elle, a gagné l'Oscar
du meilleur second rôle « avec du blabla » en 1997 ? On ne le
saura pas.

Mais attention, les intellectuels n'ont pas toujours un rôle
facile. C'est à eux qu'incombe la grande mission civilisatrice
de la République. Bref, ils doivent sauver le monde. Quand
ils n'y arrivent pas, on s'indigne. Qu'ils se taisent comme
lors de la reprise des essais nucléaires à Mururoa et leur
silence est assourdissant. Hélas, le monde réel n'est ni noir
ni blanc. Difficile d'avoir à chaque fois une opinion tran-
chée. Obligés de choisir entre les Talibans et l'Amérique de
George Bush, la plupart des penseurs français ont soutenu la

guerre sans enthousiasme... Leur tache est d'autant plus mal-aisée qu'on leur accorde peu de place dans la vie politique, Luc Ferry faisant figure d'exception qui confirme la règle. Les vrais intellectuels sont relégués au rôle de francs-tireurs. Les élus veillent à conserver le monopole du pouvoir. On fait de même en Amérique, depuis que John Kennedy a vidé les couloirs de l'université de Harvard pour installer les *best and the brightest* (les meilleurs et les plus brillants) comme conseillers à Washington. Une démarche pas vraiment convaincante : ils ont contribué à l'enlisement des États-Unis au Vietnam. Et le brillantissime Henry Kissinger qui, lui aussi, a cru bon de bombarder Hanoï, s'est trouvé sur le tard une vocation de « playboy de l'intelligentsia ».

En outre, les intellectuels sont parfois assimilés (ce qu'ils détestent) aux « élites » de l'État, ces hauts fonctionnaires et hommes politiques sortis des grandes écoles. Ces grosses têtes pétries de diplômes se prennent d'ailleurs aussi pour des intellos. Une situation très préjudiciable, dans un pays où les élites républicaines ne sont pas vraiment en odeur de sainteté. On leur reproche de sortir du même moule, d'être programmées sur un modèle identique et donc de manquer d'imagination créative. Pénible spectacle que celui d'un responsable politique essayant d'effacer son image de sur-doué. Voir Alain Juppé passer sur Antenne 2 *sans cravate* et confesser tout guilleret « là vous m'avez collé » quand on lui pose une petite question sans conséquence sur le GATT, laisse rêveur.

Certains intellectuels français ont un problème supplémen-taire : il leur faut participer à la vie économique du pays – en d'autres termes, gagner leur croûte. Les artistes vantent les mérites des yaourts, et les élites politiques ont (ou plutôt avaient) leurs fonds secrets. Mais les intellos ? Si certains privilégiés disposent d'une confortable fortune, la majorité compte encore sur ses droits d'auteur ou son salaire de pro-fesseur pour vivre. Ils doivent alors partir à la conquête des marchés extérieurs, comme de vulgaires chefs d'entreprise.

L'exemple de Jacques Derrida pourrait les inspirer. Adulé sur les campus américains, le père de la déconstruction y a fait l'objet d'un documentaire. Et n'a pas hésité dans une « interview » à l'hebdomadaire *Time* à aborder des problèmes aussi cruciaux que sa coiffure ou le film *Le Parrain* qu'il avait vu dix fois. Un copain français m'a juré avoir vu une photo de Jean Baudrillard, affublé d'une veste en lamé, et lisant ses textes sur la scène d'un casino de Las Vegas, entouré de superbe jeunes femmes court vêtues se trémoussant en rythme. Peut-être qu'avec un peu plus de mise en scène, les Américains pourraient un jour apprécier la philo.

En tout cas, cette présence derridienne au pays des philistins n'aura pas empêché deux scientifiques Alan Sokal et Jean Bricmont de passer à la moulinette les écrits des plus influents penseurs made in France. Souvenez-vous de ces deux universitaires qui ont publié *Impostures intellectuelles*, un livre où ils se moquaient du style pompeux, alambiqué et creux des stars de l'intelligentsia française. Sourire pincé, ou plutôt grimace du côté des beaux esprits. Le commentaire de Derrida interviewé par *Le Monde* fut : « Ces gens ne sont pas sérieux. » En effet.

Alors, forcément, depuis un certain temps, je ne me laisse plus intimider par les esprits supérieurs. Dans un dîner, un étranger qui ne sait plus quoi dire peut toujours lancer une petite phrase du genre : « Et les acquis de Mai 68 où sont-ils ? » Les invités vont passer le reste de la soirée à s'entre-déchirer. Les intellectuels viennent à peine d'assimiler l'Occupation, comment arriveraient-ils à tirer les leçons de ces événements qui ont tant marqué les esprits et les comportements ? Et si on veut vraiment faire monter la température le Proche-Orient est un bon choix.

Mais, finalement à quoi servent vos intellectuels, sinon à faire couler de l'encre ? Pour un observateur américain, la réponse n'est pas évidente. La France est un pays de tradition, et je présume que l'amour des idées y restera profondément ancré, à ses risques et périls.

N'est-ce pas ce goût de la philosophie qui a jeté le Nouveau Monde dans le camp anglo-saxon. Vous l'ignoriez ? À l'époque coloniale, avant l'arrivée de l'hiver qui est très rude en Amérique du Nord, les colons anglais s'affairaient aux récoltes en prévision des mois les plus durs. Les Français, de leur côté, s'acharnaient à rédiger des codes de conduite à la Rousseau destinés à nourrir les esprits de leur petite communauté. C'est ainsi que les pragmatiques triomphant des penseurs, les francophones furent évincés au profit des Anglais. C'est du moins la version des historiens anglo-saxons.

Ah ! un dernier mot. Je voudrais féliciter l'éducation nationale qui a su maintenir la philosophie au programme de terminale, une exception dans les pays occidentaux. Il m'est arrivé de rencontrer des Français qui ont tout raté dans leur vie, mais, à 18 ans, ils ont décroché la moyenne en philo au bac. Pour vivre intelligemment en France, c'est suffisant.

## XXVII

## Scène de foule chez les intellos

Se cultiver en France, c'est parfois un sacré boulot. Invité un soir d'été à l'avant-première d'un long-métrage à la cinémathèque du Palais de Chaillot, j'arrive avec quelques petites minutes d'avance. Il y a déjà foule et je remarque que les autres aussi sont armés d'un carton d'invitation.

Au moment où s'ouvrent les portes, c'est la surprise : les cartes ne suffisent pas. Il faut d'abord montrer patte blanche à deux jeunes femmes souriantes – mais pas pour longtemps – qui délivrent les tickets d'entrée. Tout le monde se presse autour d'elles. Personne ne fait la queue, cela va de soi. Ignorant la marche à suivre, certains foncent directement vers la salle. Immédiatement refoulés, ils protestent, et le ton monte.

« Mais, c'est le réalisateur lui-même qui m'invite ! », s'écrie un monsieur, vêtu de noir. Le style corbeau sicilien, ventre rebondi, catogan et le politiquement correct en bandoulière, me paraît d'ailleurs être la marque de fabrique d'une partie de l'intelligentsia parisienne.

La foule prend la forme d'un œuf dur écrasé à l'extrémité. Rien à voir avec la longue file disciplinée qu'on voit devant les cinémas de l'Ohio. Ici, personne ne veut se retrouver derrière son alter ego. À l'avant, on livre bataille, soit avec l'ouvreuse, soit avec les préposées aux tickets. À l'arrière, rôdent les découragés, les réticents, les « ce n'est pas digne de moi » et autres réservistes, qui attendant une brèche dans la barricade, ou un copain pour les pistonner. Passent quelques célébrités, Bernadette Lafont, par exemple, exemptées de ticket, l'image même de la sérénité.

Dix minutes après le début – théorique – du film, on se bouscule toujours pour monter au front. La température augmente sérieusement. Derrière moi, une vieille dame indigne m'encourage :

« Mais avancez, monsieur, avancez ! » Je sens sa bague, un solitaire de dimension respectable, s'enfoncer dans mon épine dorsale. Une personne dont le nom ne figure pas sur la liste se voit poliment refuser l'entrée. Elle quitte les lieux en criant : « Honteux, c'est honteux. »

Pour calmer l'honorable assemblée, un organisateur lance à haute voix : « Ne vous inquiétez pas ! Il y aura une deuxième séance. » Cette déclaration ne fait que jeter de l'huile sur le feu. Comme si votre patron vous proposait de prendre vos vacances en novembre, pour laisser partir vos collègues en août. Une vague de panique soulève la foule. Des « Scandaleux ! » fusent ici et là.

J'ai l'impression d'être sur un ferry archi bondé dans le détroit de Malacca. Un Américain est effectivement peu entraîné à ce genre de cohue. Depuis la maternelle, on nous apprend que passer devant l'autre sans y être autorisé, c'est absolument honteux, une grave entorse au *fair play*.

Cela me rappelle un vieux souvenir. Dans les années 1960, à la (très regrettée) cinémathèque de la rue d'Ulm, le droit d'entrée était d'un franc. Il fallait aussi s'acquitter du prix de la place, soit un centime. Au total, le prix était de 1,01 francs mais la plupart des spectateurs donnaient deux pièces d'un franc et attendaient leur monnaie, provoquant des embouteillages. Depuis, on a quand même un peu progressé en matière de file d'attente.

Finalement, je franchis le goulot d'étranglement, et la salle obscure se remplit. Il y a des gens partout, sur les marches, dans les couloirs, certains contestent les places « réservées ». Une dame en jodhpurs s'indigne : « Vous dites qu'il y a quelqu'un déjà, mais il est où ? » En cas d'incendie, nous serons piétinés, calcinés (comme dans une discothèque). Mais personne ne s'en préoccupe. En plus, il fait si chaud que chacun enlève tout ce qu'il est possible d'ôter en restant convenable.

Quand le metteur en scène, Jacques Baratier, prend enfin la parole, les protestations se calment. C'est un septuagénaire, chaleureux, à l'œil vif, qui promet de faire vite, à cause des pauvres diables qui attendent dehors la fameuse deuxième séance. « Je ne vais pas vous raconter toute ma vie », dit-il. Baratier disserte pourtant – non sans humour et un brin de nostalgie, pendant près d'une demi-heure – sur son film, ses acteurs, (Laurent Terzieff, Claude Rich), ses débuts comme jeune cinéaste à Saint-Germain-des-Prés. « Où en suis-je ? », demande-t-il à plusieurs reprises, perdant le fil. Dans la salle, où il fait toujours aussi chaud, les cartons d'invitation inutiles ont été reconvertis en éventails.

J'aurais bien voulu en savoir un peu plus sur cet âge d'or du cinéma français, mais l'orateur sent que s'étendre trop longuement risquerait de provoquer une émeute. Le film qui suit intitulé *Rien voilà l'ordre* est assez nombriliste, mais pas dénué d'intérêt. Les références sont souvent très personnelles, l'argument, un peu faible typique du cinéma d'art et d'essai à la française. Rien à voir avec un film « commercial » style Hollywood. Après une bonne vingtaine de minutes, j'aperçois dans l'obscurité quelques aficionados qui se sauvent sur la pointe des pieds. Ils auront passé plus de temps à attendre que devant l'écran. Mais ce sont peut-être, eux aussi, des Américains.

# XXVIII

## Saint patrimoine

Au premier rang des manifestations les plus surprenantes pour un Américain, on trouve sans aucun doute votre journée du patrimoine devenue en quelques années une institution, un jour quasiment sacré. Visiblement, les Français se sentent rassurés par cette célébration qui leur rappelle que si la France n'est plus une nation de premier plan, sa civilisation reste l'une des plus admirées au monde. Alors, rien de surprenant à ce que de nombreux bénévoles passent leurs loisirs à tenter de sauver ce qui peut l'être. Les uns défrichent pour préserver une petite abbaye de Franche-Comté, d'autres reconstruisent pierre à pierre un manoir périgourdin. Et les incendies du Parlement de Bretagne, puis du château de Lunéville ont été ressentis comme des traumatismes d'un bout à l'autre de l'Hexagone.

De la même façon, quand un journaliste révèle à la radio que des antiquaires américains écument la province à la recherche de ces coffrets de mariage qu'on donnait autrefois aux futures épouses – les Américaines raffinées en raffolent – il ne peut s'empêcher de qualifier ces acquisitions de « grave préjudice » pour le patrimoine français.

Après avoir entendu ce commentaire, j'ai la naïveté de m'en étonner devant une amie, professeur de faculté à Paris.

« Mais c'est dégoûtant ! », explose-t-elle. « Ces Américains qui croient qu'ils peuvent tout acheter avec leur fric ! »

Un peu piqué au vif, car elle aurait pu modérer ses propos vu ma qualité de citoyen américain, je réagis :

« Et l'Obélisque, place de la Concorde ? Vous l'avez trouvé où ? »

Christine hésite : « Euh... On a guerroyé là-bas, en Égypte. C'est une prise de guerre... »

Je repasse à l'attaque : « Autrement dit, vous l'avez dérobé à ces pauvres Égyptiens. C'est un vol à main armée caractérisé. Au moins mes compatriotes ont la politesse de payer leurs acquisitions... »

Honte à moi, l'exemple de ce fichu Obélisque était mal choisi. J'ai découvert par la suite que le pacha Méhémet-Ali l'avait offert à Charles X en 1830. Inutile de préciser que je n'ai pas jugé utile d'informer mon amie de cette erreur de détail. Parce qu'après tout, le Louvre regorge d'œuvres qui prouvent que si les Français sont attachés à leur patrimoine, ils se soucient fort peu des sentiments des autres peuples à l'égard de leurs trésors nationaux.

Deux magnifiques témoignages de l'antiquité grecque, la Vénus de Milo et la Victoire de Samothrace, ont ainsi été acquises au XIXᵉ siècle dans des conditions peu claires, voire douteuses. Les responsables du Louvre répugnent à évoquer cette affaire, de peur de déclencher une polémique semblable à celle qui perturbe les relations entre Grecs et Anglais à propos des fresques du Parthénon, les fameux *Elgin Marbles* du British Museum.

Il s'agit là d'usages impérialistes datant d'un autre siècle, me direz-vous ? Soit, mais...

Prenons le cas de ces deux statues Nok en terre cuite que la France a achetées 400 000 euros en 1999 à un marchand d'art belge. Une acquisition suscitée par Jacques Chirac, grand amateur d'Arts Premiers, désireux d'enrichir les collections des Musées nationaux. Mais voilà, elles figuraient sur la « liste rouge » de l'*International Council of Museums*. Les vendre et les sortir du Nigeria étaient formellement interdits, quelle que soit l'identité de l'acheteur.

C'est un professeur de Cambridge, Colin Renfrew, qui a révélé l'affaire. Des négociations, peu transparentes avec des personnalités nigériennes s'en sont suivies, et le président Chirac a obtenu que ces statues, vieilles de 2 000 ans, puissent rester en France pour un bail renouvelable de 25 ans.

Selon Stéphane Martin, directeur du musée du Quai de Branly, cette décision reflète « une certaine sagesse » – une sagesse qui profite en fait surtout aux pays développés (les États-Unis n'en sont pas exclus), grands amateurs d'arts africains. Au Nigeria, explique-t-il, les statues auraient été exposées dans des conditions déplorables, étant donné la pauvreté des musées du Tiers Monde. Cet arrangement est sans doute bon pour l'œuvre, mais il ne laisse aux Nigériens qui voudraient, eux aussi, jouir de leur patrimoine, qu'une solution : se payer un aller-retour à destination de Paris... À condition de décrocher un visa.

## XXIX

## Culture : la belle endormie

Que faire le samedi soir ? En Américain naïf, j'imaginais qu'en France, terre de l'exception culturelle, les citoyens de votre beau pays ne savaient comment choisir entre toutes les activités destinées à enrichir leur esprit que leur proposait un État, soucieux de leur niveau intellectuel. Et puis j'ai découvert avec effarement que pour tous ceux qui n'habitent pas à proximité de centres villes, les résidents de Jonchery-sur-Vesle (Marne) par exemple, après le dîner, c'est le lit ou la télé.

Et la télévision justement avait jusqu'ici un gros défaut : la programmation du samedi soir. On avait systématiquement droit à des émissions genre « Tubes d'un jour, tubes de toujours ». Autrement dit, Clo-Clo et Dalida encore une fois ressuscités pour des karaokés géants. Étonnez-vous ensuite que pendant longtemps, des dizaines de millions de Français se soient couchés de bonne heure.

Ce vide sabbatique n'était pas dû au hasard. L'État, soucieux de gonfler le box-office des cinémas, en était le premier responsable. Et, paradoxe de la mondialisation, les campagnes s'ennuyaient le samedi pendant que les villes enrichissaient

215

les producteurs capitalistes d'Hollywood en se précipitant voir des films, en majorité américains. Merci, Lafayette !

Triste époque aujourd'hui révolue grâce à l'apparition des émissions de «télé-réalité». En compagnie d'amis français, j'ai partagé les peines et les joies des concurrents de «Star Academy» jusqu'à cette ultime séance qui a vu le triomphe de Nolwenn. Et c'est arrivé un samedi ! En plus un soir glacial où personne n'aurait eu l'idée d'aller faire la queue devant un cinéma.

Et voilà. La télévision française a presque atteint le niveau des télés poubelles made in États-Unis. Félicitations ! Dans «Combien ça coûte», on fait siffler les cafards pour le plus grand plaisir des téléspectateurs. «Le bigdil» montre les visages des participants, déformés par la cupidité à la vue de la belle voiture en jeu. Devant la caméra de France 3, une petite vieille raconte sans pudeur comment elle s'est fait arnaquer des centaines de milliers de francs par son gigolo.

Je n'ai rien contre cette télévision populaire. J'ai grandi avec elle. Écolier, le petit écran me servait de baby-sitter, lycéen je faisais mes devoirs en suivant le dernier épisode de «Gunsmoke». Je reconnais volontiers son rôle de divertissement culturel. Après tout, l'ouvrier de Renault qui rentre chez lui a peut-être envie – et mérite – autre chose pour se détendre qu'un film de Maurice Pialat.

Mais Dieu que votre télévision est bavarde. «Tu causes, tu causes, c'est tout ce que tu sais faire», comme disait Zazie. Ainsi en va-t-il de votre poste. On parle, on parle, on disserte sans fin pendant d'interminables débats-discussions. Pire, tout le monde parle en même temps, on se croirait dans une cour de récréation. Mais attention, on ne parle pas de n'importe quoi. On parle surtout de ce qui peut faire de l'audience : le cul, la violence, les scandales. Évidemment produire une heure de débat coûte beaucoup moins cher qu'un téléfilm ou une série et si en plus ça fait de l'Audimat...

Alors forcément, ce genre d'émission s'use si rapidement qu'il faut sans cesse surenchérir pour attirer l'attention du public. Ainsi, dans « À tort ou à raison », on voit un individu qui se prend pour Jésus confronté avec Monseigneur Lefebvre. Au bout d'une heure, l'arrivée des pubs, souvent plus drôles et mieux filmées, est presque un soulagement. Ce n'est peut-être pas un hasard.

Quant aux séries françaises, elles n'ont jamais dépassé le niveau d'« Hélène et les garçons ». Dommage, parce que les Français pourraient faire mieux. Aux États-Unis, on a pu (finalement) marier qualité et succès commerciale dans des séries sur le câble, telles que « The Sopranos », « Six Feet Under » et « West Wing ». Mais, hélas, en France, les bonnes séries, ce n'est pas pour demain. Toujours les questions d'argent ! Une heure de fiction produite en France coûte 61 000 euros contre 7 000 si on l'achète aux USA.

Ici, le grand « événement » culturel de la saison 2002 était sur France 2... Napoléon. Pas très original. Mais en France le Corse reste une valeur sûre : selon *Le Nouvel Observateur*, en deux siècles, plus de 80 000 livres lui ont été consacrés. Las, ce n'est pas toujours dans les vieux pots que l'on fait les meilleures soupes et cette saga qui a coûté 40 millions d'euros a, dès le deuxième épisode, été devancée dans l'Audimat par un banal film sur TF1 avec... Arnold Schwarzenegger.

De quoi réjouir certains de vos intellectuels qui contestent la possibilité même d'une « bonne » télévision inventant une nouvelle culture de masse. « C'est comme de penser qu'il aurait pu y avoir un bon nazisme », assène ainsi le polémiste Philippe Muray. Selon eux, la culture, la seule, la vraie ne peut être qu'élitiste. Envie de se cultiver ? Eh bien, allez faire la queue au Louvre avec les 10 000 touristes japonais. Ou achetez un livre d'art. Mais ne comptez pas sur la télévision. Vous pouvez évidemment regarder l'émission de Bernard Pivot sur la Francophonie, ou « Campus » de Guillaume Durand, mais des émissions consacrées aux arts plastiques

217

ou à l'Histoire, vous en avez vu beaucoup sur les grandes chaînes hertziennes, à part sur Arte ?

J'ai souvent rencontré ce sentiment anti-télé en France. Votre pays est coupé en deux : il y a ceux qui la regardent et ceux qui prétendent qu'ils ne la regardent pas ou, bien exceptionnellement et affirment la trouver abrutissante. Un vieux monsieur très digne possède un téléviseur des années 1960, fruit d'un héritage lointain qui ne capte qu'une seule chaîne, la première. « Bien suffisant pour connaître les mensonges du pouvoir », grince-t-il volontiers dès que l'on aborde le sujet. Il y a aussi ceux qui ne possèdent pas de poste. C'est d'un chic. Et leurs pauvres enfants ? Ils sont élevés « aux classiques » comme le confie fièrement une mère de famille.

Mais trêve de sarcasmes, à l'étranger on ne fait pas forcément mieux, la BBC exceptée qui est capable de consacrer 45 minutes à un seul tableau hollandais du XVe siècle signé Jan van Eyck.

Grâce au ciel, les Français – pour peu qu'ils habitent une grande ville – peuvent assouvir hors écran leur soif de culture dans ce pays qui offre une palette des plus variées en matière d'expositions, théâtres, cinémas, concerts, danse, littérature, conférences et spectacles divers... Nul autre pays au monde ne peut se vanter d'une telle prodigalité. Tout cela grâce à votre gouvernement qui dépense une fortune en subventions – le fameux 1 % du budget instauré par Jack Lang. D'où un ministère de la culture tout puissant, intervenant fréquemment, par exemple en achetant des œuvres qui risquent de partir à l'étranger, et pesant, grâce à la manne des subventions, sur la création française.

Bienheureuse communauté artistique qui bénéficie de toutes sortes d'avantages : des ateliers pas chers, le statut d'intermittents du spectacle, des aides accordées aux réalisateurs... L'Hexagone est un véritable petit paradis de la culture, et honte à celui qui n'en profite pas : de quoi pourra-t-il bien parler lors de ces dîners en ville que vous affectionnez.

D'ailleurs, comme tous les étrangers, je suis venu ici demander l'asile culturel (et culinaire).

Et pourtant, c'est indéniable, la culture française ne rayonne plus comme jadis sur le vaste le monde et son influence, notamment outre-Atlantique est faible. En un demi-siècle, la France est passée du rang d'exportateur de biens culturels à celui d'importateur. Désormais, les créations venues d'ailleurs occupent une bonne place dans vos cinémas, vos théâtres, et sur la liste des best-sellers. Paris demeure (heureusement) un carrefour important du monde de l'Art mais sans en être le centre comme par le passé. Vos chanteurs comme vos artistes suivent plutôt qu'ils n'innovent. Pour Mary Blume, chroniqueuse vedette de l'*International Herald Tribune*, le monde culturel français est « sleepy », « plongé dans la torpeur ». Si à l'étranger, on accorde à la France le statut de « grand pays de culture », c'est en raison de ses nombreux musées, et non de sa place sur le marché de l'art contemporain. Selon une étude du ministère de la culture, vos artistes n'occupent, en termes de notoriété, que la quatrième place (ex aequo avec l'Italie), derrière les Américains, les Allemands et les Britanniques. « Si la France reste un pays où l'art est omniprésent, c'est surtout de l'art de vivre qu'il s'agit », remarque à ce propos le sociologue Gérard Mermet dans *Francoscopie*.

Les innombrables manifestations organisées par le gouvernement tout au long de l'année donnent certes l'impression que la France est le pays de l'art et de la culture par excellence. Mais cette agitation culturelle non stop ne remplace pas la création authentique, celle qui durera des décennies, ou même des siècles, et fera école dans le monde. Aujourd'hui, la France produit peu d'artistes d'envergure et le marché de l'Art est dominé par d'autres nations plus créatives.

Sans doute, la diminution de l'aura de la France et l'affaiblissement de sa langue dans le monde y sont-elles pour quelque chose. Tout comme un certain manque d'ambition de la part de vos créateurs qui se satisfont d'un succès hexagonal. Cet isolement culturel relativement récent est évidemment mal vécu par les Français et explique en partie leur rancœur à l'égard des Anglo-Saxons dont la musique, la littérature et le cinéma semblent ignorer les frontières.

Il reste naturellement quelques domaines où la France conserve sa place de leader : la mode, la cuisine et la danse. Mais pour le septième art, l'art phare du XXᵉ siècle, c'est plutôt décevant. Le cinéma français passe trop souvent à côté de sa véritable vocation, qui est d'émouvoir et de divertir les masses et, pourquoi pas, de gagner assez d'argent pour tourner d'autres films sans faire appel aux contribuables. Mais voilà, dès qu'un réalisateur a décroché une subvention, il se sent obligé d'accoucher d'une œuvre nombriliste destinée à un public averti.

Vos metteurs en scène « qualité France » se contentent d'un maigre public comme ces petits partis politiques qui ne cherchent à gagner que quelques sièges. Loin de se sentir déshonorés de perdre de l'argent, ils en sont presque fiers. Cela leur confère une aura intello, ils deviennent des auteurs « difficiles ». Résultat, rares sont les films qui font des bénéfices. Rien de bien dramatique puisque une partie de l'argent provient d'« avances sur recettes » données par le Centre national de la cinématographie, une sorte de subvention exceptionnellement remboursée.

Une caste d'« auteurs » bien en cour arrive ainsi à trouver des financements en faisant du lobbying auprès de ceux qui contrôlent cette manne. Dans les cocktails ou lors des projections, metteurs en scène et producteurs vantent leur cher projet dans l'espoir d'obtenir le soutien d'un membre du jury de l'Avance sur recettes. Tout comme il y a trois cents ans, il était bon d'aller à Versailles pour croiser le chemin du roi et plaider en faveur de son projet.

Vous me direz qu'à Hollywood aussi les producteurs font la quête, mais ils s'adressent à des investisseurs privés bien décidés à ne pas perdre leur mise dans des scénarios trop farfelus ou excessivement nombrilistes : pour décrocher de l'argent, il faut avoir une chance de plaire, un minimum au moins. À Paris, une fois le financement acquis, le réalisateur, quelque soit son talent, est roi. À Hollywood, la loi de la jungle oblige les mauvais cinéastes à changer de métier ; en France, ils peuvent continuer toute la vie à nous ennuyer.

Ces subventions ont sans aucun doute permis à un certain cinéma français de survivre mais pas de s'imposer. Après tout, le merveilleux cinéma d'avant-guerre, comme les auteurs de la Nouvelle Vague ne connaissaient pas les avances sur recettes.

Quant à ceux qui, à l'image de Luc Besson, décident de faire « grand public », ils copient les recettes des succès hollywoodiens (et pas des meilleurs) quand ils ne font pas tout simplement appel à des stars américaines. Et lorsqu'un film français arrive à plaire au grand public, comme *Le fabuleux destin d'Amélie Poulain*, il est immédiatement attaqué par les élites culturelles. Son crime : présenter une image « aseptisée » de la vie en France. Seuls les *Astérix* réussissent à faire à peu près l'unanimité. Il est vrai que c'est contre les Romains...

Et que dire de votre littérature ? Le roman français va mal, et pourtant, les Français lisent. Ils arrivent même à regarder sans s'assoupir les écrivains invités à la télévision. Chez nous les noms des auteurs ne sont évoqués à l'antenne qu'à l'occasion de leur disparition. Vu d'ailleurs, le roman français qui connut la gloire entre 1800 et 1945, se languit. La faute au Nouveau roman qui a assassiné l'histoire ? Si votre cinéma est nombriliste, que dire du roman ? Au lieu de raconter, il se contente trop souvent d'exprimer l'état émotionnel de l'auteur, les traumatismes subis dans son enfance sans oublier l'intégralité de ses chagrins d'amour. Passionnant sans doute pour son papa et sa maman, mais pour le lecteur ?

Et puis de vous à moi, votre milieu littéraire avec ses coteries et ses courtisans n'inspire guère confiance. Tous ces à-valoir qui circulent pour des livres qui ne seront jamais écrits, ou ne trouveront pas de lecteurs mais servent à s'attirer les bonnes grâces de jurés (nommés à vie !) des grands prix, il y a de quoi rendre méfiant le plus confiant des lecteurs. Étonnez-vous ensuite que les traductions d'œuvres françaises se fassent rares.

Jadis, à une époque où la littérature française jouissait d'un véritable prestige, Camus et Sartre étaient édités pas les grandes maisons d'éditions new-yorkaises et le Goncourt était systématiquement traduit en anglais. Aujourd'hui, on peut sans doute trouver quelques titres de Philippe Sollers, chez un éditeur universitaire, mais sur la couverture, Philip Roth tente d'attirer le lecteur en décrivant l'auteur comme «un funambule intellectuel. Ce qu'on ne sait pas faire aux États-Unis».

Souvent, des amis français m'expliquent qu'un roman que j'ai trouvé particulièrement assommant est tout de même un bon livre puisqu'il est écrit dans «un excellent français». Serais-je un barbare de croire qu'un bon livre est forcément intéressant? J'essaie depuis belle lurette de finir *Le marin de Gibraltar* de Marguerite Duras, mais, à ma grande honte, je n'y arrive pas. Et j'ai pourtant lu tout Proust. À chaque tentative, la prose durassienne («Nous avions déjà visité Milan et Gênes. Nous étions à Pise...») me berce doucement, et mes yeux se ferment. Essayons encore. «Nous avions déjà visité Milan et Gênes...» Ça y est, je m'endors...

# En guise de conclusion

Voilà, tout est dit ou presque. Tout ce que j'avais sur le cœur au bout de dix années de concubinage – volontaire – avec vous. Bien sûr, j'aurais pu aborder une foule d'autres sujets. J'aurais pu me pencher sur le problème (oh combien délicat) des « déjections canines » comme vous dites aujourd'hui, ou sur votre incapacité à parler anglais comme tout le monde. Ai-je été trop agressif ? Je ne le crois pas. Vous aurez, bien sûr compris en me lisant que j'aime la France (et les Français) et ceux qui ne l'ont pas compris sont sans doute des anti-Américains primaires. Ce petit guide de vos bizarreries, vues par un citoyen lambda de la toute puissante Amérique, vous aidera-t-il à comprendre ce grand malentendu qui fait de nos deux pays des frères ennemis ? Mais je l'espère, plus frères qu'ennemis.

*Composé et mis en pages par DV Arts Graphiques à Chartres,*
*cet ouvrage a été achevé d'imprimer en juillet 2003*
*sur rotative Variquik*
*par l'Imprimerie Sagim-Canale à Courtry*
*pour les Éditions Michalon*

*Imprimé en France*
Dépot légal : avril 2003
N° d'édition : 196 – N° d'impression : 6726